www.tredition.de

AF177065

Annika Mundschenk

Mein großer Marsch für die kleinen Riesen

100 Kilometer in 24 Stunden

www.tredition.de

Lektorin: Maren Keller, maren.keller@kontext-kassel.de
Verlag und Druck: tredition GmbH, Halenreie 40-44, 22359 Hamburg

ISBN
Paperback: 978-3-347-13015-9
Hardcover: 978-3-347-13016-6
e-Book: 978-3-347-13017-3

Inhalt

Das Vorwort

Lange habe ich überlegt, wie ich am besten damit beginne, dieses Buch zu schreiben. Es ist schon nicht einfach, so viele Eindrücke niederzuschreiben, aber noch schlimmer ist es, aufzuschreiben, wie alles angefangen hat. Was muss mit in die Geschichte rein? Was lasse ich weg? Wie viel oder wie wenig ist genau richtig?

Deswegen erzähle ich erst einmal, wie es überhaupt zu der Idee gekommen ist und warum ich dieses Buch eigentlich geschrieben habe.

Ich möchte einfach meine Eindrücke und mein Seelenleben mitteilen, wie es mir während des Marsches ergangen ist. Während des Marsches bin ich durch ein Tal und über Berge gelaufen, im wahrsten Sinne des Wortes. Ich habe Gefühle gespürt, die ich noch nie zuvor gefühlt hatte. Ich bin an meine Grenzen gegangen und über sie hinaus.

Das möchte ich mit meinen Lesern teilen. Ich möchte Sie auf eine Reise mitnehmen. Sie dauert nicht lange, aber bei meinem *großen Marsch für die kleinen Riesen* habe ich wirklich eine Menge erlebt und bin dafür sehr dankbar.

Viel Spaß beim Lesen.

Die Idee

In den letzten zwei Jahren wurde ich oft für verrückt gehalten. Hundert Kilometer in vierundzwanzig Stunden zu erwandern, da muss man ja verrückt sein. Ich beantwortete das immer mit einem Lächeln und sagte, dass hundert Kilometer doch gar nicht *so* viel und schon machbar seien. Doch wie kam ich eigentlich auf die Idee, hundert Kilometer in vierundzwanzig Stunden zu wandern beziehungsweise vielmehr zu walken?

Alles fing damit an, dass ich mit dem Laufen begonnen hatte. Ich suchte also im Januar 2017 nach fünf- oder zehn-Kilometer-Läufen bei mir in der Nähe oder auch in anderen Städten. Das Internet zeigte mir viele Möglichkeiten an und auf einer Seite mit verschiedenen Laufveranstaltungen sah ich dann, dass im Juli 2017 ein hundert-Kilometer-Marsch innerhalb von vierundzwanzig Stunden stattfinden würde. Ich schaute mir die Sache genauer an und mein Interesse war definitiv geweckt: der Rhein-Ahr-Marsch sollte es sein.

Er sollte 2017 zum ersten Mal stattfinden. Der Start war in Rheinbach für abends um zwanzig Uhr geplant. Man würde die komplette Nacht hindurch wandern, über Bonn, Remagen, das Ahrtal und wieder zurück nach Rheinbach. Wie sich herausstellte, ein toller Rundkurs. Ungefähr alle zehn Kilometer wäre eine Verpflegungsstation.

Das las sich alles sehr überzeugend und durchaus machbar. Zehn Kilometer war ich in dem Jahr auch schon gelaufen, warum also nicht hundert Kilometer wandern, so viel mehr wäre das doch gar nicht. So dachte ich zumindest noch vor der Vorbereitungszeit. Sehr blauäugig von mir, wie sich später ebenfalls herausstellte, aber der Mensch braucht Ziele und mein Entschluss stand fest.

Mein Mann saß mir an dem Tag gegenüber und ich erzählte ihm davon. Auch er hielt mich gleich für verrückt, stimmte aber einer gemeinsamen Anmeldung trotzdem zu, denn allein wollte ich diesen Marsch nicht bestreiten. Außerdem hatten wir an diesem Tag unseren zehnten Hochzeitstag, da konnte es nicht schaden, sich mal wieder ein gemeinsames Ziel zu setzen und den Tag zusammen zu genießen. Gesagt – getan. Wir waren angemeldet. Dass man so etwas aber nicht ohne Training schaffte, war uns einerseits bereits klar, andererseits wurde es uns noch mehr bewusst, als wir mit dem Training anfingen.

Dann kam der Tag des ersten Versuchs den Marsch zu bestreiten. Wir fuhren nach Rheinbach und die Spannung stieg, auch unsere Anspannung war echt hoch. Wir hatten trainiert: mehrere zwanzig-Kilometer-Wanderungen und eine vierzig-Kilometer-Wanderung. Eigentlich sollten die vierzig Kilometer insgesamt fünfzig werden, aber aufgrund falscher Schuhe lief ich mir schreckliche Blasen an den Füßen, die am Tag des Startes noch nicht zu hundert Prozent verheilt waren. Keine guten Voraussetzungen, aber aufgeben wollten wir auch nicht.

Wir gingen sehr optimistisch an den Start und in die Nacht hinein. Wanderten Kilometer um Kilometer, doch leider mussten wir bei Kilometer fünfzig aufgeben. Unser Training hatte nicht ausgereicht. Ich war ziemlich niedergeschlagen. Ich fühlte mich als Versager, als Niete, auch wenn wir die fünfzig Kilometer in zehn Stunden geschafft hatten, was eine sehr gute Zeit für uns war. Wir fuhren mit dem Shuttlebus zurück nach Rheinbach und von da in unser Hotel. Wir gönnten uns einfach noch etwas Entspannung.

Das Gefühl des Versagens aber blieb und mir war schnell klar, dass ich die hundert Kilometer noch mal in Angriff nehmen würde, denn es konnte doch nicht sein, dass so viele Menschen die hundert Kilometer schafften, nur ich nicht. Also meldete ich mich 2018 nochmal an. Mein Mann wollte nur noch fünfzig Kilometer wandern, denn für ihn stand fest, dass ihm hundert Kilometer einfach zu viel waren, aber die fünfzig waren auch für ihn reizvoll.

Die Planung begann. Ich schaute mich auf der Internetseite des Rhein-Ahr-Marsches noch mal genau um und an einer Stelle stand geschrieben, dass es doch eine tolle Idee wäre, den Marsch mit *etwas Gutem* zu verbinden. Diese Idee fand ich grandios.

Ich suchte mir eine regionale Organisation heraus, da für mich klar war, nur jemandem zu helfen, bei dem ich wusste, dass die Spenden auch ankamen. Außerdem wollte ich die Verantwortlichen eventuell auch in persönlichen Gesprächen kennenlernen.

Ich wusste da bereits vom Verein *Kleine Riesen Nordhessen e. V.* und wollte meinen Lauf diesem Verein widmen. Der Verein setzt sich dafür ein, dass schwer kranke und sterbende Kinder und Jugendliche durch Ärzte, Pfleger, Psychologen und Therapeuten medizinisch-pflegerisch und psychosozial versorgt werden. Dazu gehört unter anderem auch, (letzte) Herzenswünsche der kranken Kinder und Jugendlichen zu erfüllen. Wer sich über die Arbeit des Vereins erkundigen möchte, ist herzlich eingeladen, sich auf der Homepage *www.kleine-riesen-nordhessen.de* umzuschauen. Ich danke den Veranstaltern des Rhein-Ahr-Marsches für diese tolle Inspiration. Die Organisation habe ich zwar selbst ausgewählt, aber der Anstoß kam wirklich von den Organisatoren des Marsches.

Nun aber zu der Idee den Marsch als Spendenlauf zu bestreiten. Da muss ich etwas weiter zurück in die Vergangenheit gehen und etwas ausholen. Unsere Zwillinge wurden 2012 geboren und waren das geplante dritte Kind. Alles war super, klar, der Stress war immens, aber so ist das eben mit vier Kindern. Irgendwann konnten dann beide laufen und auch da war noch alles gut. Mit etwa zwei Jahren fiel uns bei Elisabeth das erste Mal ihr dicker Bauch auf. Wir machten uns aber keine großen Gedanken, denn es ging ihr gut. Sie wuchs und war ein fröhliches, gesundes Kind. Bei der U7 (mit zwei Jahren), sprachen wir den dicken Bauch an, denn das Kind war ja ansonsten ein sehr schlankes Kind und sie lief wirklich immer nur mit einem sehr dicken Bauch durch die Gegend. Der Bauch wurde abgetastet, es wurde gefragt, ob regelmäßiger Stuhlgang stattfände und das wars. Ich möchte hier keine Diskussion darüber auslösen, dass eventuell noch andere Untersuchungen hätten stattfinden können oder müssen, ich vertraue unserer Kinderärztin auch heute noch und würde auch immer wieder so handeln wie damals.

Also ging ein Jahr vorbei, die Kinder entwickelten sich und wir mussten mit knapp drei Jahren zur nächsten U-Untersuchung, der U7a. Die Entwicklung beider Kinder war wieder altersgerecht, nur eben hatte Elisabeth immer noch den dicken Bauch. Auch diesmal sprachen wir das wieder an und wurden zum Ultraschall geschickt. Danach überschlugen sich die Ereignisse quasi. Es ist in den Tagen danach so viel passiert, dass ich versuchen werde, es so kurz wie möglich zu beschreiben. Beim Ultraschall sah man *nichts*. Der Bauchraum war regelrecht komplett schwarz. Okay, ich gebe zu, nicht der komplette Bauchraum, aber schon ein ziemlich großer Teil, denn so groß ist das bei einem dreijährigen Mädchen ja alles noch nicht.

Es wurde vermutet, dass Elisabeth eine Zyste im Bauch habe. Uns wurde nahegelegt, direkt in der folgenden Woche ins Klinikum zu gehen, damit dort weitere Untersuchungen stattfinden könnten. Also haben wir sofort ein Termin gemacht. Die erste Untersuchung beim Kinderarzt war an einem Donnerstag. Für freitags waren wir noch zu einer Hochzeit eingeladen gewesen und samstags sollten die Zwillinge ihren dritten Geburtstag feiern. Also war alles verplant und ein Krankenhausaufenthalt passte so gar nicht mehr dazwischen. Wir sollten also montags ins Krankenhaus kommen.

Auch dort fanden einige Untersuchungen statt, es gab fragwürdige Wartezeiten und lange Tage. Im Endeffekt waren wir neun Tage lang im Krankenhaus und unsere dreijährige Elisabeth bekam am fünften Tag einen Kaiserschnitt. Ihr wurde ein etwa sechshundert Gramm schweres Teratom entfernt. Ein Teratom ist ein Stammzellentumor. Reifere Tumoren können sogar Haare oder Zähne enthalten. Oft wird ein Teratom als ein Zwilling bezeichnet, der sich nicht weiterentwickelt hat. Bei Elisabeth war das Teratom wohl bereits sehr ausgeprägt, ich habe aber leider nie Fotos davon zu Gesicht bekommen. Seitdem sind wir spätestens alle vier Monate zur Blutentnahme im Klinikum, es wird geschaut, ob wieder neue Krebszellen in ihr entstanden sind. Das Teratom war aber zum Glück gutartig und wird mit einer hohen Wahrscheinlichkeit nie wieder zurückkehren.

Wir hatten Glück, aber es war dennoch eine sehr schwere Zeit für uns im Krankenhaus, vor allem wegen der Ungewissheit. Deswegen fiel meine Entscheidung für die kleinen Riesen aus. Es gibt leider viel zu viele Kinder, die in ihren jungen Jahren schon leiden müssen und von unheilbaren Krankheiten aufgesucht werden. Ich schätze die Arbeit der kleinen Riesen sehr und bin dem Verein dankbar, dass es ihn gibt.

Nun habe ich *unsere* Geschichte wirklich sehr kurzgefasst, da sie eigentlich nicht in dieses Buch gehört, aber auf gewisse Art und Weise doch auch für das Entstehen dieses Buches mit verantwortlich ist. Denn wäre uns so etwas nicht passiert, hätte ich vielleicht nie diesen Spendenlauf gemacht. Aber das ist nur eine Vermutung ... Von den Veranstaltern kam dann die Idee für das Motto: *Mein großer Marsch für die kleinen Riesen.* Ich eröffnete eine Facebook-Seite, kontaktierte die *kleinen Riesen* und mein Vorhaben für 2018, die hundert Kilometer zu schaffen, ging in die Vorbereitung.

Die Vorbereitungen

Angemeldet war ich nun also, aber wie startet man am besten in die Vorbereitung?

Hundert Kilometer, das hörte sich in meinem Kopf immer noch so machbar an. Mein Mann errechnete, wie schnell beziehungsweise wie langsam wir laufen durften, um wirklich in vierundzwanzig Stunden anzukommen. Ich kann leider nicht mehr genau sagen, wann der Anmeldestart war, aber im November 2017 war ich auf alle Fälle bereits angemeldet. Nun muss ich dazu sagen, dass ich eine Schönwetter-Läuferin/-Walkerin bin, bei Regen zu walken, war für mich schon immer eine Qual, somit schob ich das Training für die Vorbereitung immer weiter vor mich her.

Obwohl ich zu jener Zeit noch jeden Sonntag mit einer kleinen Gruppe von Sportlern aus unserem Ort fünf bis zehn Kilometer walkte, war ich noch nicht wirklich *im Training*, da wir nie wirklich auf Tempo liefen. Natürlich walkt man, so schnell man kann, aber wir achteten nie bewusst darauf, wie schnell wir die fünf oder zehn Kilometer liefen.

Ich wusste aber, dass ich in jedem Falle schneller werden musste, damit ich es in der angegebenen Zeit schaffte. Doch mein innerer Schweinehund war viel größer als gedacht. Der Winter war eklig, es war grau und nass – bei diesem Wetter wollte ich einfach keine extra Trainingseinheiten draußen machen. Warum auch, es war einfach viel zu eklig draußen. Also machte ich stattdessen etwas Kraft-Ausdauer-Training. Konnte doch auch nicht schaden, denn eine gute Muskulatur brauchte man ja auch zum Walken.

Das ist ja auch oft ein Problem: Wir fangen an, für eine bestimmte Sache zu trainieren, und trainieren dann auch nur diese eine Sache. Viele Menschen trainieren für einen Marathon und gehen dann nur laufen. Dass aber auch Krafttraining wichtig ist, um eine gute Rumpfstabilität zu erhalten, vergessen die meisten. Mein schlechtes Gewissen hielt sich also in Grenzen, da ich ja schließlich trainierte. Die Wochen vergingen und ich fing immer noch nicht mit dem Walken an. Mein Mann ermahnte mich dann irgendwann und meinte, wenn ich jetzt nicht langsam anfinge, dann würde es dieses Jahr wieder nichts werden. Wir hatten immerhin schon Februar 2018 und es waren nur noch fünf Monate bis zum Rhein-Ahr-Marsch. Ich war aber immer noch verhältnismäßig locker drauf, denn es war ja noch genug Zeit und leider immer noch viel zu kalt draußen.

So langsam fing ich dennoch an, mir Gedanken zu machen, zumindest darüber, was ich noch alles besorgen müsste. Einen Rucksack hatte ich schon, eine Regenjacke konnte ich mir wieder von meinen Eltern leihen, die Stirnlampe musste ich nur im Haus suchen, das Blinklicht für den Rucksack funktionierte auch noch. Was fehlte, waren eigentlich nur die richtigen Schuhe, denn im Jahr zuvor hatte ich mir ja fürchterlich viele Blasen gelaufen. Damit hatte ich dann echt lange zu kämpfen gehabt und das würde mir nie wieder passieren.

Dann fing ich an, mich mit der Strecke zu beschäftigen. Den größten Teil der Strecke kannte ich ja zum Glück noch. Auch wenn auf den ersten fünfzig Kilometern ein etwas anderer Weg gelaufen würde, denn es fände zu der Zeit gerade die Fußballweltmeisterschaft und irgendein Achtel- oder Viertelfinale der deutschen Mannschaft statt, da konnten wir nicht wie in 2017 einfach durch Bonn marschieren, da dort dann das Public Viewing stattfände.

Das hatte aber auch gewisse Vorteile, denn 2017 war dadurch ein sehr großer Teil der Strecke nur auf Asphalt zu marschieren gewesen, was für die Gelenke nicht gerade schonend ist. 2018 sollte es dafür länger durch den Wald gehen und erst ab Bonn-Bad Godesberg Richtung Rhein und Remagen. Somit hätten wir mehr Waldstrecke, mehr Dämpfung und noch mehr Fragen, welche Schuhe wohl die besten wären.

Wenn man ans Wandern denkt, hat man immer festes Schuhwerk vor Augen. Stabile Wanderschuhe, die am besten noch bis über den Knöchel gehen, damit man die Gefahr bannt, umzuknicken. Wenn man aber hundert Kilometer wandern möchte, überlegt man sich doch, ob man wirklich *so* festes Schuhwerk benötigt, denn es sind ja immerhin hundert Kilometer. Ich entschied mich dagegen, denn die Schuhe, die ich 2017 gekauft hatte, wollte ich auf keinen Fall wieder anziehen, die waren eigentlich nur noch gut genug für die Mülltonne. Sie waren wirklich ein totaler Fehlkauf, mit im Nachhinein auch schlechter Beratung. Aber es lässt sich nicht mehr ändern, deshalb rege ich mich auch lieber nicht mehr über mich selbst und meine damalige Dummheit auf.

Ich entschied mich, mit normalen Joggingschuhen auf die hundert Kilometer zu gehen, hatte ich doch 2017 wirklich sehr viele Teilnehmer in Turnschuhen gesehen, die auch wirklich bis ans Ziel gekommen waren. Also dachte ich mir, so schlecht könnte das ja gar nicht sein. Die Schuhe müssten nur richtig eingelaufen sein. Also wählte ich zwei Paar meiner Schuhe aus, die ich für dieses Vorhaben nutzen wollte.

Den ersten schnellen Walk machte ich dann endlich im April. Es war schönes Wetter und obwohl ich noch mit Mütze und Schal walken musste, war es bereits sehr angenehm.

Merkt man irgendwie, dass ich eine Schönwetter-Walkerin bin, oder? Mein Mann fragte mich dann immer: „Was machst du eigentlich im Juli, wenn es in der Nacht oder am Tag regnet?" Meine Antwort darauf war dann immer, dass ich dann aufhören würde. Nein, Spaß beiseite. Ich wusste ehrlich gesagt nicht, was ich machen würde, wenn es im Juli beim Rhein-Ahr-Marsch tatsächlich regnen würde. Vermutlich würde ich weitermarschieren. Zu dem Zeitpunkt, im April, stand aber auch noch nicht fest, dass ich aus meinem Marsch ein Spendenlauf machen würde, doch dazu später.

Zurück also zu meinem ersten *schnellen* Probeversuch über zehn Kilometer. *Ich* fand mich schnell, ich brauchte 1:38 Stunden für die 10 Kilometer, wenn ich mich jetzt nur noch etwas verbesserte und das dann durchhielte, wäre es perfekt.

Aber wie das so im Leben ist: Wenn das Wörtchen *wenn* nicht wäre ... Mit vier Kindern, Haushalt, Haus und nebenbei ein bisschen Arbeit muss man erstmal sehen, wann man zum Trainieren kommt. Die zehn Kilometer waren nie das Problem, denn zwei Stunden hatte ich meistens am Vormittag Zeit, wenn die Kinder im Kindergarten und in der Schule waren. Aber mir war klar, dass ich auch irgendwann mal größere Strecken abwandern musste.

Ich merke gerade, dass ich ziemlich oft zwischen *wandern* und *walken* hin und her wechsle, weil es für mich bis dahin teilweise noch das Gleiche gewesen ist. Hundert Kilometer zu wandern, geht nur über Sportwandern, da ich aber meistens meine Walkingstöcke dabei hatte, weil ich damit besser das Tempo halten konnte, ist es für mich wirklich eine Mischung aus wandern und walken.

Aber zurück zur Vorbereitung. Wie sollte ich also große Strecken trainieren, wenn ich kaum Zeit dafür hatte? Am Wochenende wäre vielleicht die Zeit dafür gewesen, aber meine Kinder wollten mich auch an den Wochenenden mal sehen. Zur Erklärung: Große Strecken sind Strecken von dreißig bis fünfzig Kilometern – oder mehr. Wenn ich also für zehn Kilometer 1:38 Stunden brauchte, wären das auf dreißig Kilometer, da ich ja auch mal eine kleine Pause benötigte, um zu essen, etwa sechs Stunden. Eigentlich nicht viel, aber danach bräuchte ich noch etwa ein bis zwei Stunden, um wieder zurückzukommen und mich zu erholen. Das will schon geplant sein. Zum Glück hat mich mein Mann sehr unterstützt und mir den Rücken gestärkt, sodass ich im Laufe der drei Monate, die mir noch zur Vorbereitung verblieben waren, doch auch mal lange Strecken wandern konnte.

Bleiben wir aber in der richtigen Reihenfolge. Nach meinen ersten zehn Kilometern blieb ich erstmal bei den *Kurzstrecken*. In jeder freien Minute/Stunde schnappte ich mir meine Turnschuhe und Walkingstöcke und ging los. Meistens wirklich nur fünf oder zehn Kilometer, aber ich versuchte, jedes Mal etwas schneller zu werden. Leider blieb es meistens bei dem Versuch, denn meine Zeiten für die fünf und zehn Kilometer blieben eigentlich immer gleich.

Das frustrierte mich irgendwann und ich überlegte mir, wie ich das ändern könnte. Einer meiner sehr beliebten Trainingsorte ist der Herkules in Kassel. Also fuhr ich dorthin und lief die Herkulestreppen erst runter, machte unten fünfzig Kniebeugen und rannte dann, so schnell ich konnte, wieder hoch.

Meine Kondition ist aber leider total schlecht und Ausdauer beim Joggen habe ich erst recht nicht. Eigentlich sehr erschreckend, aber was nicht ist, kann ja noch werden.

Für jene, die den Herkules nicht kennen, ihr könnt mich gerne besuchen kommen und wir fahren mal dorthin. Er hat etwa fünfhundertneununddreißig Treppenstufen, die seitlich rechts und links an den Kaskaden von oben nach unten entlanglaufen (oder umgekehrt).

Nachdem ich das Ganze also einmal gemacht hatte, schaute ich auf meine Uhr und dachte mir: „Du bist jetzt nicht vierzig Minuten pro einfache Strecke mit dem Auto hierher gefahren, nur um zwanzig Minuten zu trainieren." Also lief ich die Stufen noch mal nach unten. Diesmal machte ich unten allerdings keine fünfzig Kniebeugen mehr, denn ich merkte so langsam, wie meine Oberschenkelmuskel dicht machten. Also lief ich wieder, so gut und schnell es ging, nach oben. Nach fünfundvierzig Minuten (ja die zweite Runde war etwas langsamer) kam ich wieder oben an und war glücklich und zufrieden. Noch ein paar Dehnübungen und ab gings wieder nach Hause.

Aber meine Zeit bei den fünf und zehn Kilometern wurde trotzdem nicht besser. Ich machte mir Gedanken und auch Vorwürfe, was ich alles falsch machte und dass ich so nie die hundert Kilometer schaffte. Meine Zweifel, vielleicht erneut zu versagen, waren zu der Zeit echt groß.

Mittlerweile waren es nur noch zwei Monate bis zum Rhein-Ahr-Marsch. Das Planen ging in die nächste Stufe. Ich schaute mir die Karte der Veranstalter genauer an. Wie viele Verpflegungspunkte gäbe es, wie viele Kilometer lägen zwischen den einzelnen Punkten, denn auch Pausen sind bei so einer langen Strecke einfach wichtig. Wie sähe es nachts aus? Ich ging zu dem Zeitpunkt davon aus, dass ich nachts *allein* wandern würde. *Allein* war gut, denn immerhin waren knapp sechshundertfünfzig Starter für die hundert Kilometer angemeldet. Meine Gedanken fuhren Karussell. Fände ich in dem großen Starterfeld jemanden, der mich durch die Nacht begleitete oder wäre ich auf mich allein gestellt? Wie es der Zufall wollte, kam aber alles ganz anders.

Die frühere Tagesmutter unserer Zwillinge schrieb mir irgendwann, dass sie auch für den Marsch angemeldet sei. Wir schafften es seltsamerweise nie, zusammen zu trainieren, aber wir boten ihr an, dass sie ja zumindest mit uns fahren könne. Tatsächlich sprachen wir aber nicht darüber, ob wir den Marsch zusammen bestreiten sollten oder nicht. Wir schwiegen darüber. Wie sich später herausstellte, hatten wir beide die gleichen Gedanken gehabt, ob wir den Marsch gemeinsam oder getrennt bestreiten würden und mussten herzlich darüber lachen, aber dazu später mehr. Und während der Vorbereitungen blieb meine Überlegung: Wie komme ich am besten durch die Nacht.

Mein Mann war 2018 ja nur für die fünfzig Kilometer angemeldet. Das hieß für ihn, dass er erst morgens in Remagen startete und nur die letzten fünfzig Kilometer nach Rheinbach wandern würde. Da begann bei mir die Rechnerei ... Wenn ich die ersten fünfzig Kilometer wie in 2017 in zehn Stunden schaffte, hätte ich ja zwei Stunden *Vorsprung*, holte er mich dann vor Rheinbach überhaupt noch ein oder wanderte ich die letzten fünfzig Kilometer dann auch allein? Da er schneller wandert als ich, kam ich zu dem Ergebnis, dass er mich ungefähr bei Kilometer siebzig oder achtzig eingeholt haben müsste. Was für ein Glück.

Mit dieser Erkenntnis machte ich mich gut gelaunt und mental bestens vorbereitet auf meine erste fünfundzwanzig-Kilometer-Wanderung. Zwischendurch hatte ich auch schon mal dreizehn Kilometer *geschafft*, aber fünfundzwanzig waren schon mal eine andere Hausnummer.

2017 hatten mein Mann und ich die zusammen trainiert. Ich konnte mich noch sehr gut daran erinnern, dass er wirklich immer sehr viel schneller gewesen ist als ich und ich damals wirklich etwas frustriert hinterhergewandert bin. Ja, sowas ist wirklich frustrierend, denn man hat das Gefühl, man kommt nicht von der Stelle.

Ich startete also sonntagmorgens im Mai um sieben Uhr, um fünfundzwanzig Kilometer zu wandern. Fünf Stunden waren mein Ziel, denn in meinem Kopf rechnete ich das folgendermaßen: Fünfundzwanzig Kilometer sind ein Viertel von hundert Kilometern. Wenn ich dafür fünf Stunden benötigte, bräuchte ich für hundert Kilometer zwanzig Stunden; wenn ich dann noch einberechnete, dass ich ja auch mit der Zeit einfach etwas langsamer würde, käme das mit vierundzwanzig Stunden für hundert Kilometer schon hin.

Das Ziel vor Augen, mit Musik im Ohr, denn mit Musik wandert es sich einfach besser, dem Rucksack auf dem Rücken (mit genug zu trinken und etwas zu Essen) ging es also los.

Ich hatte mir eine ungefähre Strecke rausgesucht, hatte aber keine Kilometer gemessen oder errechnet. Man hat das ja irgendwann im Gefühl, wie viele Kilometer welche Strecke ungefähr hat. Nach ungefähr fünf Kilometern musste ich aber feststellen, dass ich zu dick angezogen war. Zum Glück hatte ich ja meinen Rucksack dabei, somit zog ich da schon die erste Schicht aus. Eine weitere Erkenntnis hatte ich somit bereits gewonnen: Weniger ist manchmal mehr und man sollte immer den Wetterbericht anschauen, bevor man auf Wanderschaft geht.

Nachdem ich mich meiner Jacke entledigt hatte, ging es weiter. Trotz Jacke-Auszieh-Pause lief es verdammt gut an dem Tag, meine zehn Kilometer machte ich in 1:33 Stunden. Was wirklich eine gute Zeit ist! Wenn man weiß, wo ich wohne, dann weiß man auch, dass es dort bergauf und bergab geht. Ich finde auch heute noch, dass es das beste Training ist, das einem passieren kann, gerade für die Ausdauer. Und was soll ich sagen, es lief wirklich so gut, dass ich einfach weiterwanderte. Pausen machte ich kaum, wenn, dann nur, um kurz was zu trinken. Aber ich merkte, dass ich die Pausen nicht unbedingt brauchte, also warum sollte ich mich unnötig damit aufhalten.

Ab ungefähr Kilometer fünfzehn wurden meine Beine etwas schwerer. Anscheinend sah ich auch nicht mehr ganz so frisch aus, denn einige Radfahrer, die mir entgegenkamen, lächelten mich freundlich, aber irgendwie auch bemitleidend an. Ich musste wirklich etwas schmunzeln. Ich war zwar zwischen Uschlag und Heiligenrode unterwegs, der Weg ist eine sehr beliebte Strecke für Radfahrer und Spaziergänger, aber ich hatte schließlich auch schon fünfzehn Kilometer in den Beinen – und nicht erst fünf oder so. Dabei habe ich viel gelernt, denn ich habe mir dann gedacht, dass Leute oft bereits aufgrund von Kleinigkeiten verurteilt werden. Ja! Ich sah wirklich nicht mehr ganz frisch aus, aber die Reaktion der Leute war teilweise nicht gerade aufbauend. Eigentlich schon seltsam, da es mir ja egal sein könnte, was andere über mich denken, aber es war mir in diesem Moment nicht egal. Ich hätte denen am liebsten hinterhergerufen: „Ja, ich sehe scheiße aus, aber ich bin schon seit morgens um sieben Uhr am Wandern und gerade auf dem Rückweg. Ich darf so scheiße aussehen!" Auch heute beim Schreiben muss ich über diese Situation echt noch schmunzeln. Es war nicht das letzte Mal, dass ich so ein Gefühl während der Vorbereitungszeit hatte, denn gerade auf den langen Strecken kam so etwas häufiger vor. Diese Gedanken beschäftigten mich aber zum Glück nicht all zu lang. Denn eine neue Herausforderung stand an.

Ich muss einfach mal sagen, dass Wandern etwas unheimlich Entspannendes hat; ich habe das Wandern echt für mich entdeckt, ob es in Zukunft das Sportwandern, also das schnelle Wandern auf Zeit, sein wird oder das gemütliche Wandern, das soll erstmal dahingestellt sein, aber es gibt nichts Schöneres, als hier im schönen Staufenberg sonntagmorgens durch die Wälder zu wandern. Ganz allein, nur du, die Natur und vielleicht noch die Musik, die du dazu hörst. Aber nach fünfzehn Kilometern im immer gleichen Trott musste ich was für meinen Kopf tun, denn so entspannend wie das auch sein mochte, ich wollte dabei ja nicht einschlafen.

So kamen mir die beiden Walker, die plötzlich vor mir auftauchten, ganz recht. Wieso? Ganz einfach: Egal wie müde meine Beine waren, ich wollte diese Walker überholen. Das Ziel immer im Blick, nämlich stur auf die Walker gerichtet, ging es los. Mein Kopfkino ging an. Wie fit waren die beiden wohl, wie viele Kilometer hatten sie schon hinter sich, wie schnell walkten sie und so weiter. Gedanken, die eigentlich total bescheuert sind, mir aber tatsächlich halfen. Es dauerte leider etwas länger, aber ich überholte die beiden! Es waren etwa tausend Meter, die ich etwas schneller walken musste, danach hielt ich das Tempo noch etwas, denn mein Ehrgeiz war gepackt, sie sollten mich ja nicht sofort wieder zurücküberholen. Auch hier muss ich lächeln, wenn ich an diese Situation denke, da es mir wirklich so vorkommt, als wäre es erst gestern gewesen und nicht schon *so* lange her.

Nachdem ich also dieses Ziel erreicht hatte, sollte es noch einmal einen kleinen, aber steilen Berg nach oben und wieder nach unten gehen. Denn ich habe festgestellt, dass mir das Training mit Steigungen einerseits total viel Spaß macht und andererseits auch wirklich was bringt. Keine Angst, ich werde hier und im Folgenden nicht über jeden einzelnen Kilometer berichten, aber ich glaube, dass es einfach hilfreich ist, zu erfahren, wie meine Vorbereitungen gelaufen sind, damit auch nachvollziehbar wird, wie es mir beim Rhein-Ahr-Marsch ergangen ist.

Nach 25,01 Kilometern und 4:08:18 Stunden war ich wieder zu Hause bei meiner Familie. Ich hatte keine wirklich große Pause benötigt und war mit der Zeit total zufrieden. Trotz des Wissens, dass ich diese nicht über hundert Kilometer hätte halten können. Dennoch war der erste Schritt getan und eine gute erste lange Wanderung geschafft. Das Beste daran war aber, dass ich keinerlei Blasen hatte, meine Füße taten nicht weh und meine Knie machten auch noch mit. So ein Gefühl hätte ich gerne in der ganzen Vorbereitung gehabt.

Aber ich habe gerade von meinen 25,01 Kilometern erzählt und wie gut ich mich dabei gefühlt habe. Das rührte wahrscheinlich auch daher, dass ich das erste Mal für zehn Kilometer, knapp 1:33 Stunden benötigte. So schnell war ich vorher wirklich noch nie gewesen und ich erreichte diese Zeit, glaube ich, später auch nicht mehr.

In der Woche darauf war es erst mal wieder an der Zeit, ein paar kleinere Wanderungen zu absolvieren. Kleine Wanderungen bedeuten für mich Strecken zwischen fünf und zehn Kilometern. Während meine Mädels beim Ballett waren, konnte ich immer super gut in der Karlsaue in Kassel walken. Eine Stunde

Ballett bedeuteten etwa fünf Kilometer. Wenn ich dann noch eine Pause hinzurechnete, kam das super hin. Für fünf Kilometer während der Woche brauchte ich knapp fünfundvierzig Minuten. Das ist nicht ganz so schnell, aber ich hatte dann ja auch immer schon *etwas Tag* hinter mir.

Mir war natürlich klar, dass ich auch die großen Strecken erwandern musste. Fünf Kilometer schaffte man notfalls im Schlaf – das Schlimmste und Schwierigste sind jedoch die langen, weiten und ausdauernden Strecken. Also plante ich eine vierzig- bis fünfzig-Kilometer-Wanderung. Allein, an einem Sonntag, denn noch wusste ich ja nicht, dass ich auf den ersten fünfzig Kilometern beim Rhein-Ahr-Marsch eine so nette Begleitung haben würde.

Also probte ich *quasi* den Ernstfall. Ich startete um acht Uhr morgens, mit einem vollen Rucksack. Das ist auch so eine Sache, denn beim Rhein-Ahr-Marsch hat man zwar was zu trinken dabei, kann das aber alle zehn Kilometer wieder auffüllen. Diesen Luxus hatte ich bei der Probewanderung natürlich nicht. An einem Sonntag hatten die Geschäfte natürlich zu und es war im Mai schon sehr warm. Vierzig bis fünfzig Kilometer hieß für mich, wenn ich richtig gerechnet hatte, dass ich etwa acht bis zehn Stunden unterwegs sein würde. Also mussten mindestens fünf bis sechs Liter Wasser in den Rucksack, plus Essen. Also zog ich mit nicht ganz so leichtem Gepäck los.

Meine Strecke begann wie die letzten fünfundzwanzig Kilometer, denn mit dieser Strecke hatte ich gute Erfahrung gesammelt. Allerdings lief ich mehrere andere kleine Wege und Abzweigungen. So langsam kannte ich mich nämlich aus und wusste, wie ich zusätzliche Kilometer sammeln konnte, wenn ich bei verschiedenen Weggabelungen einfach anders abbog.

Erwähnte ich schon die verschiedenen Steigungen rund um Staufenberg? Was ich ebenfalls bei meinem Training lernte, war, welche Musik am besten zu welcher Steigung passt, dass ich so schnell wie möglich, aber auch so gleichmäßig wie möglich wandern kann, um entspannt oben anzukommen. Mein Mann pflegt bei so etwas immer zu sagen: „Eine alte Wanderregelung besagt, dass man oben immer genauso fit ankommen soll, wie man unten losgelaufen ist." Wie ich es hasse, wenn er das sagt, denn meistens verliere ich bei Steigungen den Anschluss an ihn und bin echt frustriert und verzweifelt. Aber wie schon geschrieben, durch viele Wanderungen habe ich meine Kondition und Ausdauer deutlich verbessert und mit den richtigen Liedern im Ohr bezwinge ich auch die Steigungen mittlerweile sehr zügig und gut.

Meine erste größere Pause machte ich an dem Tag bei Kilometer zweiundzwanzig. Ich war sehr gut in der Zeit, ich hatte ungefähr dreieinhalb Stunden benötigt.

Die genaue Zeit kann ich leider nicht mehr wiedergeben, aber so ungefähr kommt das hin. Ich lag also perfekt in der Zeit, denn ich rechnete immer wieder auf die hundert Kilometer. Zwanzig Kilometer in knapp dreieinhalb Stunden, das dann mal fünf, somit würde ich bei den hundert Kilometern (die Pausen schon eingerechnet) bei knapp zwanzig Stunden liegen. Also hatte ich vier Stunden *Puffer*, um auch wirklich langsamer werden zu können. Genial! Das machte mir Mut und spornte mich an, noch mehr zu trainieren, um eventuell noch etwas schneller zu werden.

Nach der Pause ging es weiter, ich hatte ja noch achtzehn bis achtundzwanzig Kilometer vor mir und wusste auch, welches Stück Weg noch auf mich wartete. Die nächsten dreizehn Kilometer ging es sehr ebenerdig voran und ich konnte mich einerseits erholen, andererseits auch das Tempo etwas variieren. Leider habe ich einmal eine Abzweigung verpasst, sodass ich mich leicht verlaufen habe und quer über eine Wiese gehen musste, aber ich dachte mir, dass etwas Abenteuer ja nicht schaden könnte, denn immer so langweilig auf Wegen wandern kann ja jeder. Bei Kilometer fünfunddreißig kam an diesem Tag der letzte schwierige Berg. Alle, die jetzt stutzen, weil sie denken was sind denn da für Berge, sind herzlich eingeladen, einmal herzukommen und diese Wanderung gemeinsam mit mir zu machen. Ich hatte echt Respekt vor dem Berg, da ich ja bereits fünfunddreißig Kilometer in den Beinen hatte. Aber es musste sein, denn beim Rhein-Ahr-Marsch würde es zwischen Kilometer fünfundsiebzig und fünfundachtzig auch eine solche Steigung geben, also musste das ja auch trainiert werden: mit vielen Kilometern in den Beinen bergauf.

Mein Weg führte von Spiekershausen nach Landwehrhagen. Leider hatte ich kein Geld dabei und konnte mir somit in der Gaststätte an der Fulda *keine* kühle Apfelschorle kaufen. Sehr schade, denn nach knapp sechseinhalb Stunden war das Wasser im Rucksack nicht mehr so ganz kalt und erfrischend. Mit meiner geliebten Musik für Steigungen im Ohr ging es also die letzte Hürde des Tages hinauf. Zum Glück haben wir in Landwehrhagen Freunde, also bog ich mal schnell zu denen ab und bat um ein erfrischendes Glas Wasser. Danach machte ich mich auf den Weg nach Hause, was von Landwehrhagen nach Benterode nicht mehr schwer ist, da es fast nur noch bergab geht. Nach 40,10 Kilometern und 7:29 Stunden kam ich dann auch endlich zu Hause an. Leicht erschöpft, aber sehr glücklich. Ich hatte keine Blasen an den Füßen und mich etwas geärgert, nicht noch die letzten zehn Kilometer drangehängt zu haben. Aber das ließ sich ja nun auch nicht mehr ändern und somit war ich einfach nur stolz! Vierzig Kilometer, ohne Blasen und Wehwehchen, was für ein tolles Gefühl. Natürlich taten mir aber die Beine und Füße weh nach so einer langen Strecke. Und meine Vorbereitung war noch nicht abgeschlossen. Es mussten noch ein paar weitere lange Wanderungen her.

Jetzt hieß es aber erstmal wieder regenerieren. Doch wer mich kennt, weiß, dass ich nicht lange stillsitzen kann. Wie es eben bei uns so ist, an drei Tagen in der Woche bin ich nachmittags mit meinen Töchtern in der Ballettschule. Warum sollte ich in der Stunde einfach dort sitzen und nichts tun. Eine Stunde laufen, walken oder wandern war schließlich besser als gar nichts. Nach meinen vierzig Kilometern hatte ich einen kleinen Höhenflug und wollte einfach mal wieder joggen gehen. Walken hing mir ehrlich gesagt ein bisschen zum Hals heraus. Ja, vielleicht ein bisschen schnell, aber da ich in Bewegung bleiben wollte, lief ich einfach los. Meine übliche fünf Kilometer Runde. Nach einem Kilometer war ich kurz davor, stehen zu bleiben. Meine Beine taten höllisch weh, aber nicht in den Oberschenkeln, nein, hinter dem Schienbein. Was habe ich geflucht, aber Aufgeben ist ja keine Option für mich. Ich habe den Lauf durchgezogen und nach der Hälfte der Strecke gab es eh kein Zurück mehr. Doch, das Zurück zur Ballettschule. Die Kondition hatte ich eigentlich, meine Beine fühlten sich allerdings wie Pudding an von der langen Wanderung zwei Tage zuvor. Aber ich musste weiterlaufen, denn der Himmel wurde ganz schön schwarz und etwas später donnerte es bereits. Also lief ich weiter und hoffte, einfach trocken in der Ballettschule anzukommen.

In dieser Woche sollte auch noch eine zehn-Kilometer-Runde anstehen, denn mein Vorhaben, mich auf zehn Kilometern verbessern zu wollen, stand noch immer. Aber dieses Mal lief es etwas anders. Ab und zu sollte man schließlich die Perspektive wechseln, deshalb entschied ich mich, meine übliche Runde mal andersherum zu starten. Das würde einen langen moderaten Anstieg und einen kurzen steilen Abstieg bedeuten. Es war schon seltsam, den Weg, den man in- und auswendig kennt, mal von einer anderen Richtung aus zu gehen. Wegepunkte sind dann natürlich nicht mehr da, wo sie eigentlich waren. Man muss sich gedanklich völlig neu einstellen. Der Anstieg war super fürs Training und auch dabei habe ich verschiedene Musiktitel ausprobiert, damit ich lernte, welche mir am besten halfen, wenn ein Anstieg mal nicht so sehr steil war.

Der Abstieg stellte eine Herausforderung für mich dar, denn jeder weiß, bergab laufen geht unheimlich auf die Gelenke, und der Weg, den ich lief, war echt steil, aber auch das war ein gutes Training. Auch wenn die Zeit am Ende *gut* war, war ich nicht so schnell, wie in den Wochen zuvor. Leider habe ich aber schnell gemerkt, dass meine Beine einfach müde waren und ich doch mal ein paar Tage länger Pause brauchte. In der folgenden Woche würde ich dann aber wieder durchstarten.

Ja und das ist während so einer Vorbereitung das Gefährliche. Man muss auf seinen Körper hören! Ich muss gestehen, ich war total im *Flow*. Ich war motiviert, ich wusste, was ich erreichen wollte, und ich wusste auch, was für eine Verantwortung ich trug. Die Angst, zu versagen, wurde durch den Spendenlauf ja nicht geringer, im Gegenteil, es setzte mich immer mehr unter Druck. Mir wurde bewusst, dass ich das Ganze für die Kinder und Familien machte. Ich hatte ja auch schon einige Spender gefunden und ein paar sollten auch noch folgen. Ich wollte sie einfach nicht enttäuschen und baute somit wirklich immer mehr Druck auf. Ich wollte trainieren und immer wieder trainieren. Aber auch so eine *Zwangspause* tat wirklich gut. Mein Körper konnte regenerieren und ging aus der Pause stärker wieder hervor. Hatte ich ja auch alles in meiner Ausbildung gelernt, aber Theorie und Praxis waren doch oft ziemlich verschieden.

Aus ein paar Tagen wurden dann drei Tage Pause. Mein Mann und ich hatten kinderfrei. Und was macht man, wenn man kinderfrei hat? Genau, wir waren in der Sauna, aber davor waren wir noch ein paar Kilometer walken. Eine schöne kleine Runde in der Aue, mal wieder, aber da konnte man einfach zu schön walken und gleich danach entspannen. Es war einfach herrlich.

Dann war auch schon der Mai vorbei, also nicht mehr allzu lange bis zum großen Marsch im Juli, die Vorbereitungen gingen so langsam in die heiße Phase. Doch wieder kam es anders, als ich dachte. Wir wohnen zwar im südlichsten Niedersachsen, unterliegen aber den hessischen Ferien und Feiertagen in der Grundschule. Also standen noch die Feiertage im Juni an. Da die Lehrer der Grundschule auch noch eine Fortbildung machen mussten, hatte unser Sohn fast eine komplette Woche schulfrei. Ich freue mich eigentlich über jeden Ferientag, den die Kinder haben, denn das bedeutet morgens weniger Stress. Doof nur, wenn nur ein Kind von vieren schulfrei hat und die anderen trotzdem morgens früh raus müssen, da die Große schon auf die weiterführende Schule geht und die Zwillinge noch in den Kindergarten. Ich nutzte diese Woche aber, um zu Hause einige Workouts zu absolvieren. Denn auch fürs Walken, Wandern oder Laufen ist Krafttraining sehr wichtig. Ich habe durch meinen Beruf in den letzten zwei Jahren viel Krafttraining gemacht und bin dadurch wirklich etwas schneller und sicherer beim Walken geworden. Mein *Lieblingsworkout* ist und bleibt *Sally*. Natürlich gibt es noch andere tolle Übungen, aber Sally ist einfach grandios. Sally basiert auf einem Lied, man hört das Lied und macht dazu Kniebeugen. Man kann auch Liegestütze machen, aber ich will ehrlich sein: Ich bin ja nicht bescheuert, auch wenn es manchmal danach aussieht. Ich mache Sally mit Kniebeugen. Ich glaube, es sind fünfunddreißig Kniebeugen in ungefähr 3:30 Minuten. Bei *bring Sally up* kommt man in den graden Stand, bei *bring Sally down* geht man in die Kniebeuge, so tief, wie es geht, aber man sollte wirklich darauf achten, dass die Kniebeugen sauber ausgeführt werden. Hört sich eigentlich gar nicht so viel an? Probier es aus, auf *Youtube* findest du das Video zu Sally. Ich kenne Personen, die die Übung abbrechen mussten, weil ihre Beine einfach nicht mehr mitmachten.

Aber weiter zu meinen Workouts und meiner Vorbereitung. Was habe ich noch so alles gemacht? Natürlich allgemeine Bodyweight-Übungen und was mir meiner Meinung nach auch half, war mein Stepper, den ich seit Jahren zu Hause hatte und selten benutzte. Und da ich mich ja auch schon aufgrund meines Berufes fit halten und einiges ausprobieren musste, was ich auch mit meinen Kunden machte, konnte ich auch die eine oder andere Einheit im Schwimmbad absolvieren.

So verging die Woche mit schulfrei und den Feiertagen recht schnell, da ich auch mal, was das Walken anging, eine Pause machte und mich auf andere Sachen konzentrierte. Einmal musste ich eine Walkingrunde abbrechen, weil es dermaßen schwül war und ich innerhalb von fünf Minuten auch noch von gefühlt hundert Bremsen angefallen wurde. Ich war mehr damit beschäftigt, die Bremsen zu verscheuchen, als zu walken. Also drehte ich wieder um und ging nach Hause.

Es war dann bereits Anfang Juni, die Werbetrommel wollte weiter gerührt werden und so bekam ich Besuch von der lieben Kerstin Leitschuh von den kleinen Riesen. Kerstin ist unter anderem für die Pressearbeit der kleinen Riesen zuständig und wollte einen Artikel über mich schreiben. Dieser erschien dann auch bei NH24.de und die HNA wurde auf mich aufmerksam, doch bis der Artikel in der HNA erschien, dauerte es noch ein paar Wochen. Da die kleinen Riesen auch in Fulda aktiv sind, erschien der

Artikel auch in den Fuldaer Nachrichten. Es war irgendwie schon komisch, sich in der Zeitung zu sehen, aber ich war auch stolz darauf. Aber ich gebe auch hier zu: Der Druck auf mich wurde dadurch wieder extrem verstärkt. Ich machte mir diesen sowieso schon die ganze Zeit selbst, weil ich wirklich Angst hatte, zu versagen. Nun wuchs er schier ins Unermessliche. Der Druck verstärkte sich noch mal, als ich eines morgens aufwachte und mich nicht mehr bewegen konnte. Ich hatte einen steifen Nacken und konnte wirklich ganze drei Tage lang *nichts* machen. Das war für jemanden, der normal jeden Tag Sport machte, schon eine sehr lange Zeit und es blieben ja auch nur noch fünf bis sechs Wochen bis zum langen Marsch. Aber auch da war weniger mehr und so blieb mir nichts anderes übrig, als abzuwarten und Tee zu trinken.

Außerdem stand auch noch eine lange Probewanderung zusammen mit meinem Mann an, die war bereits in Planung, denn es sollte eine Nachtwanderung werden, da der Marsch ja auch abends um zwanzig Uhr gestartet würde. Da man in die Nacht rein lief, musste das geübt werden, auch wenn wir das vom letzten Jahr ja bereits kannten. Im Dunkeln lief es sich nämlich ganz anders als im Hellen. So eine Wanderung konnte nur mit Planung stattfinden, denn es war wirklich ein gewaltiger Unterschied.

Doch erst stand noch eine weitere Trainerausbildung an. Ich war also das ganze Wochenende unterwegs, machte viel Sport, lernte viel an Theorie und war abends im Hotel absolut platt. Ich musste für meine Abschlussprüfung sonntags üben und weil das alles nicht genug war, hatte ich mir auch noch ein Hotel mit Fitnessraum ausgesucht. Der war zwar sehr klein, aber mein Lieblingsgerät, die Rudermaschine, war vorhanden und das genügte. Fünfzehn Minuten Rudermaschine und ungefähr fünfzehn Minuten Laufband. Das war eine schöne Abwechslung, danach gab es immer ein leckeres Essen im Hotel und ein Gläschen Wein durfte ich mir auch mal genehmigen.

Ein Wochenende später, es waren nur noch drei Wochen bis zum hundert-Kilometer-Lauf, stand unsere Nachtwanderung auf dem Plan. Wir hatten eine tolle Route rausgesucht, so dachten wir zumindest, aber dazu später. Wir packten unsere Sachen, die Kinder waren über Nacht bei ihrer Oma, und gegen siebzehn Uhr gingen wir los. Stirnlampen, Warnwesten, Proviant und genug zu trinken waren im Rucksack verstaut. Es war mittlerweile schon sehr warm und vor allem schwül, was für die Jahreszeit ja nicht ungewöhnlich war.

Der Anfang des Weges war super ausgeschildert. Leider hatte das Sturmtief Frederike im Frühjahr in dieser Gegend sehr viele Bäume entwurzelt, sodass in den Wäldern viel gearbeitet werden musste. Ich denke, deshalb fehlte an der einen oder anderen Stelle auch die Wegbeschilderung.

Die ersten zwei bis drei Stunden liefen aber noch relativ glatt, ich merkte nur, dass auf Wiesen zu laufen nicht so mein Ding war, da ich diesen unebenen Untergrund nicht so toll fand. Außerdem hatten wir einige Hürden zu nehmen, umgefallene Bäume, die quer über den Wegen lagen, erinnerten mehr an einen Hindernislauf, als an einen schönen Wanderweg. Wir sahen diese Hindernisse als willkommene Veränderungen in den Bewegungsabläufen, denn immer nur wandern macht auch müde und wenn man zwischendurch mal klettern darf, hat das durchaus was für sich. Und es gibt einfach nichts Schöneres, als während des Sonnenuntergangs eine Pause zu machen und einfach die Ruhe und den Ausblick zu genießen. Bei so etwas war Planung natürlich alles. Es brächte ja nichts, wenn ich zu Sonnenuntergang im tiefsten Wald wäre und ihn nicht genießen könnte, aber nach etlichen Trainingskilometern kannte man seine Umgebung, wusste wie viele Kilometer man in der Stunde schaffte und konnte sich ein tolles

Etappenziel aussuchen. Auf unserer Nachtwanderung hatten wir zwar keinen richtigen Sonnenuntergang, aber die kleine Pause kurz vor der Königsalm in Nieste, mit Blick über Kassel und der Sonne im Hintergrund war auch sehr schön und beruhigend. Wir waren nämlich gut vorangekommen und somit erreichten wir dies als unser erstes Etappenziel noch, bevor es langsam dunkel wurde. Das war aber klar, denn es waren etwa fünfzehn Kilometer, die wir bis dahin gewandert waren. Danach fing das Abenteuer erst an.

Tiefe Furchen auf den Waldwegen ließen uns nur langsam vorankommen und ich fühlte mich, als ob ich nicht für hundert Kilometer trainierte, sondern für den Schlammlauf, den ich für August geplant hatte. Mittlerweile ließ dann auch schon die eine oder andere Beschilderung auf sich warten. Wir kannten die Strecke zum Glück ungefähr und wussten auch, wo wir die nächste Pause einlegen wollten, sodass wir einfach weiterliefen, um die ungefähre Richtung einzuhalten.

Am Wanderparkplatz am Beginn des Gläsnertals machten wir die nächste etwas größere Pause, denn es dämmerte bereits. Wir zogen uns also unsere Jacken und Pullis an und holten die Stirnlampen aus den Rucksäcken. Da wir mitten im Wald waren, wurde es recht schnell sehr dunkel. Eine Frage, die uns (oder vielleicht auch nur mich) zu dieser Zeit sehr beschäftigte, war: Was macht einen guten Wanderweg aus? Für mich ist ein guter Wanderweg ein

Weg, der sehr gut beschildert und ausgeschildert ist. Der Untergrund oder die Beschaffenheit des Weges spielen für mich keine große Rolle, aber ich muss zu jeder Tages- und Nachtzeit die Beschilderung erkennen können. Egal, von wo ich komme, der Weg muss immer ersichtlich sein.

Dies war in unserem Fall leider nicht mehr so. Einige Schilder, Aufkleber oder Bäume, auf die das Zeichen gesprüht worden war, haben wir noch gesehen, aber vielleicht sind auch einige Bäume besagter Frederike zum Opfer gefallen.

Und obwohl wir die Wanderroute mit Karte auf dem Handy gespeichert hatten, verliefen wir uns in der Dämmerung das eine oder andere Mal. Wir sind dadurch bestimmt einige Kilometer mehr gelaufen, als der Weg eigentlich dauerte, aber wir mussten uns auch sehr oft neu orientieren.

Obwohl wir wussten, wo der Weg langführen sollte, kamen wir einfach nicht an die richtige Abzweigung. Sichtlich genervt gaben wir dann irgendwann auf und beschlossen, auf den großen Hauptwegen zu bleiben, und dachten uns von da an eine eigene Route aus. Wichtig war uns ja nur, dass wir viele Kilometer wandern konnten. Somit führte uns der Weg dann von Nieste nach Escherode, mit einigen Umwegen, und von dort über das Steinberghaus nach Steinrode und dann eine Straße entlang, die man mit dem Auto fährt, wenn man nach Steinrode will. Diesen Weg, oder einen Teil davon, kannten wir zumindest im

Hellen, da wir ihn im Jahr zuvor während unserer Vorbereitungen am Tag gewandert waren. Zwar fanden wir dann irgendwann wieder die Beschilderung unseres eigentlich geplanten Weges, aber wir wollten kein Risiko mehr eingehen. Es war mittlerweile ein Uhr nachts und zu dieser Zeit mussten wir uns ja nicht unbedingt im Wald verlaufen.

Aber eines kann ich euch sagen: So unheimlich es da oben im Wald auch war und ich froh war, dass mein Mann dabei war (alleine wäre ich diesen Weg nachts auch bestimmt nicht gewandert), so schön war es auch. Es gibt einfach nichts Schöneres, als mitten in der Nacht allein im Wald zu sein. Eine wunderbare Stille, die einen da umgibt und man kann einfach mal die Ruhe genießen. Der Alltag ist ja oftmals stressig und die Ruhe, die man dort findet, ist einfach nur grandios. Trotzdem werde ich lieber weiter im Hellen wandern. In der Dunkelheit läuft es sich ganz anders. Ist von euch jemand schon mal im völligen Dunkeln gewandert?

Ich bin jemand, der gerne sieht, wo er hinläuft. Das heißt, ich orientiere mich sehr oft am Horizont. Natürlich ist der Weg, der direkt vor mir liegt, auch sehr wichtig und ich sage immer: schön Schritt für Schritt – und ja nicht stolpern. Aber um zu sehen, wo ich hinwandern muss oder welche Strecke ich noch vor mir habe, sind mir der Horizont oder ein Ziel sehr wichtig. Im Dunkeln ist das anders. Man hat eine Stirnlampe auf, die einem hilft, den Weg zu erleuchten. Auch wenn es eine sehr gute Stirnlampe ist, ist der Lichtpegel meist nicht sehr groß und somit kann man meiner Erfahrung nach etwa fünf Meter weit schauen, vielleicht etwas mehr. Und das ist nicht viel. Man wird automatisch langsamer, wenn auch eher unbewusst, aber es geht nicht mehr so zügig voran wie tagsüber. Ist ja auch völlig normal. Man muss sich aber daran gewöhnen, deswegen war es mir während der Vorbereitungszeit auch immer wichtig, dass wir mindestens eine Nachtwanderung machten und wirklich *in* die Nacht reinliefen, denn beim Rhein-Ahr-Marsch würde ja genau dasselbe passieren.

Die Nachtwanderung brachte uns leider weniger Kilometer als geplant. Nachts gegen zwei oder halb drei waren wir wieder zu Hause, nachdem wir etwa fünfundvierzig oder fünfzig Kilometer gewandert waren. Ein wenig verärgert, weil wir doch gerne die sechzig-Kilometer-Marke geknackt hätten, aber auch hier sei wieder gesagt, dass die Gesundheit immer Vorrang hat.

Meine Wanderungen wurden nach der Nachtwanderung etwas weniger. Es ging auf die Sommerferien zu und es waren bis zum Termin des Marsches ja noch drei Wochen. Also hieß es Kraft zu tanken, zu regenerieren und den Rest für die hundert Kilometer zu planen. Das Hotel hatte ich glücklicherweise schon lange gebucht. Diesmal für zwei Nächte, da mein Mann erst am Samstagmorgen gegen sechs Uhr zum Start der fünfzig Kilometer musste. Das hatte auch etwas Gutes. Wir konnten somit schon Freitag nach der Anreise kurz ins Hotel. Außerdem musste ich noch planen, was ich alles mitnehmen würde auf die Wanderung. Im letzten Jahr hatte ich viel zu viele Sachen dabei, von denen ich über die Hälfte gar nicht benutzt hatte. Der Rucksack sollte ja so leicht wie möglich sein und es gab schließlich alle zehn Kilometer einen Verpflegungspunkt. Mein Mann beschloss, ohne Rucksack auf die fünfzig Kilometer zu gehen, denn er wollte mich ja einholen und mir dann meinen Rucksack abnehmen, damit ich den Rest (wir rechneten mit ungefähr dreißig Kilometern, die wir zusammen hätten) ohne Gepäck wandern konnte, denn wir wussten: Wenn ich es soweit schaffen würde, bis er mich eingeholt hätte, dann würden wir auch die letzten Kilometer zusammen rocken.

Ich suchte also alles soweit zusammen: Stirnlampe (die war Pflicht, Blasenpflaster (sehr, sehr wichtig), ein paar Sportriegel (falls ich unterwegs doch mal etwas *Zucker* und Kohlehydrate brauchte), Regenjacke (man weiß ja nie), Flasche (zum wieder Befüllen an den Verpflegungspunkten), Sonnencreme (die Wettervorhersage sagte für den achten Juli Sonne und dreißig Grad voraus), faltbarer Becher (damit man an den Verpflegungspunkten trinken und die Umwelt schonen konnte), Ersatzbatterien (für die Stirnlampe) und Schmerztabletten (auch, wenn man damit keine extreme sportliche Belastung machen sollte, man weiß ja nie, für was sie gut wären). Der Rucksack war gepackt und ich bereit. Aber er war gefühlt doch noch ganz schön schwer.

Dann kamen die Sommerferien. Vorher wollten wir aber nochmal wirklich Kraft tanken und sind mit den Kindern in den Urlaub gefahren. Es war wirklich sehr entspannend, das Wetter war super und wir konnten jeden Tag an den Strand gehen. Dennoch konnte ich es einfach nicht lassen und musste noch mal ein paar Stunden wandern gehen. Denn so zwei Wochen völlig ohne Walken und Wandern ging gar nicht. Die Spannung stieg weiter, ich machte mir wirklich jeden Tag die wildesten Gedanken, wie es wäre, wenn ich es wieder nicht schaffte oder kurz vor dem Ziel aufgeben müsste. Zum Glück hatte ich meine Familie, die wirklich hinter mir stand und mich auch immer wieder ermunterte.

Also machte ich mich im Urlaub auf eine etwas längere Wanderung. Um 8.20 Uhr ging es an jenem Morgen los. Von Westerland nach List und wieder zurück. Eigentlich wollte ich etwas früher starten, dann wäre die Runde etwas größer geworden, aber ich wollte ja rechtzeitig zum *Deutschlandspiel* wieder im Ferienhaus sein. Zwar hatte ich mir auf der Karte den Weg genau angeschaut, aber ich musste mich doch erst einmal orientieren und so ging es die ersten vier Kilometer direkt am Strand entlang. Es war angenehm, zu laufen, aber eben durch den Sand auch nicht ganz einfach. Ich war nicht ganz so schnell wie geplant und somit ging es nach vier Kilometern doch lieber wieder auf befestigten Wegen weiter.

An dem Morgen war es bewölkt und die Wolken waren grau. Es sah bei Weitem nicht nach gutem Wetter aus.

Trotzdem konnte ich nur im T-Shirt loslaufen, hatte mich auch sogar eingecremt, aber nicht daran gedacht, wie viele Stunden ich tatsächlich unterwegs wäre. Denn Sonnencreme zieht ja auch in die Haut ein und manchmal sollte man das Eincremen wiederholen. Warum auch immer ich das an diesem Morgen nicht bedacht hatte, abends hatte ich jedenfalls mit den Folgen zu kämpfen.

Nach List waren es zu Fuß zirka sechzehn Kilometer und diesmal wanderte ich ohne Rucksack. Geld hatte ich mir mitgenommen, denn dann konnte ich in List was Frisches zu trinken kaufen. Sechzehn Kilometer, ohne zu trinken, sollten machbar sein, zumindest auf dem Hinweg.

Der Hinweg verlief auch recht gut, aber es war ja auch noch bewölkt. Der Rückweg wurde allerdings recht mühsam. Ich achtete immer auf die Zeit und es wurde immer heißer und heißer. Ich merkte, dass mir mein Rucksack fehlte, denn da hätte ich eine Cappy und viel Wasser drin gehabt. Denn auch daran hatte ich morgens beim Anblick des wolkenverhangenen Himmels nicht gedacht.

Ich habe mir einen schönen Sonnenbrand im Gesicht und auf den Schultern geholt! Aber es war eine wunderschöne Strecke auf Sylt gewesen, die ich gewandert war. Ich machte es mir einfach und lief auf befestigten Wegen, damit ich die Orientierung nicht verlor. Meine Musik durfte natürlich nicht fehlen. Ich hatte mir mittlerweile eine tolle Playlist zusammengestellt, merkte aber bei dieser

Wanderung auch wieder, welche Lieder mir besonders viel Schwung und Schub gaben und welche mich eher bremsten. Ich überlegte mir also, für die Wanderung beim Rhein-Ahr-Marsch noch eine Motivationsplaylist zusammenzustellen, nur mit den Liedern, die mich schneller machten.

Sechzehn Kilometer am Stück ohne Pause zu wandern ist auch gar nicht so einfach, wie ich mir das morgens noch gedacht hatte. Ich wusste ja, dass ich mindestens zehn Kilometer schaffen musste, um von Verpflegungspunkt zu Verpflegungspunkt zu gelangen, aber ich wollte doch verdammt nochmal auch mal mehr schaffen und endlich schneller werden.

Mein Tempo an diesem Tag war grandios. Leider fing mein Knie schon sehr früh an, Probleme zu machen, aber ich hatte den Willen, durchzuhalten. Obwohl ich zwischendurch, ungefähr bei Kilometer fünfundzwanzig, an einer Bushaltestelle vorbeikam und mir überlegte, doch eventuell mit dem Bus zurück ins Ferienhaus zu fahren. Aber wollte ich mir das wirklich antun? Die Blicke meiner Kinder, die fragten, was ich denn schon wieder im Ferienhaus suchen würde, und vor allem meine eigenen Gedanken darüber, nicht weitergelaufen zu sein, sondern *versagt* zu haben. Das ginge gar nicht, also lief ich immer schön weiter. Denn Aufgeben war und ist keine Option.

Ich bemerkte auch wieder die Vorzüge des Wanderns. Ich konnte mir echt über alles Gedanken machen, es war entspannend und ich kam wirklich zur Ruhe. Ich glaube sogar, dass ich zwischendurch meine Lieder mitgesungen habe. Ob ich laut mitgesungen habe, weiß ich nicht, ich weiß nur, dass es sich in meinem Kopf so anhörte. Ein seltsames Gefühl, wenn man im Nachhinein so darüber nachdenkt, aber auf der anderen Seite auch sehr amüsant.

Was ich aber auch an diesem Tag wieder bemerkte – und damit kam ich definitiv immer noch nicht klar – waren die Blicke der Menschen, die mir begegneten. Es war Ferienzeit und natürlich waren viele Menschen mit ihren Fahrrädern unterwegs. *Es* hat ungefähr auf dem Rückweg angefangen. Denn der begann so gegen elf Uhr. Ein Höhepunkt für Fahrradfahrer auf dem Weg zu irgendwelchen Restaurants. Ich hatte ja nun schon mindestens sechzehn Kilometer in den Beinen. Die Blicke kamen mir immer so mitleidig vor, denn ich sah bestimmt wieder nicht mehr sehr frisch aus. Da sieht man mal, wie schnell Menschen über einen urteilen – oder kam mir das nur so vor? Mir erschien es so, als ob die Blicke sagten: „Die sieht aber schon ganz schön fertig aus, die Arme. Die ist bestimmt nicht so fit." Das ich nicht lachte. Ich hätte mir am liebsten eine Tafel umgehangen und immer wieder jeden schon erwanderten Kilometer draufgeschrieben. So nach dem Motto: „Ich bin jetzt bei Wanderkilometer fünfundzwanzig", oder so. Vielleicht bildete ich mir das ja auch nur ein, denn man konnte sich ja auch wirklich viele und vor allem die verrücktesten Gedanken machen, wenn man so allein vor sich hin wanderte.

Nach 32,55 Kilometern und einer reinen Laufzeit von 5:20 Stunden war ich wieder am Ferienhaus. Sehr glücklich, diese Wanderung gemacht zu haben, denn ich war wirklich schnell. Bei Kilometer dreißig hatte ich 4:55 Stunden auf der Uhr. Dreißig Kilometer unter fünf Stunden? In dieser Zeit hatte ich letztes Jahr gerade mal zwanzig oder fünfundzwanzig Kilometer während der Vorbereitungen geschafft, das war also wieder ein deutlicher Motivationsschub, denn dreißig Kilometer in fünf Stunden und das mal drei, dann noch zehn Kilometer drauf, dann wäre ich bei knapp siebzehn Stunden reiner Laufzeit auf hundert Kilometern. Ja, ich weiß, dass ist völlig utopisch, da man zum Ende hin eher langsamer wird und man ja auch einfach müde ist, wenn man so eine ganze Nacht durchläuft, aber ich war auf einem sehr guten Weg, denn dann hatte ich nach meiner Rechnung schließlich sieben Stunden Puffer, in denen ich langsamer werden konnte. Leider hatte ich mir einen ziemlichen Sonnenbrand geholt.

Ich war in der Vorbereitung knapp zweihundertzwei Kilometer gewalkt und gewandert. Ich entwickelte wirklich ein sehr gutes Gefühl für die hundert Kilometer, auch wenn ich wusste, dass ich noch viele Kilometer mehr wandern hätte wandern sollen in so einer Vorbereitungszeit. Von mir aus konnte es losgehen.

Der Marsch

Was nun folgt, soll keine Auflistung der einzelnen Kilometer oder der einzelnen Ereignisse werden, ich möchte euch einfach nur einen Einblick gewähren, wie mein Tag und der Tag des Marsches abliefen und wie ich mich dabei fühlte.

Genießt meine Erzählung über die dreiundzwanzig Stunden des Marsches und auch die der Zeit davor und danach. Denn ich muss schon am Morgen des Marsches anfangen. Die Kids waren trotz Ferien früh wach. Es war etwa sechs Uhr dreißig, als das erste Kind vor meinem Bett stand. Die Nacht war eher unruhig gewesen, denn meine Anspannung war schon sehr groß. Ich dachte nur, dass es echt ein verdammt langer Tag werden würde. Zum Glück fuhr Michael, sodass ich während der Fahrt noch etwas dösen konnte.

Wir packten also irgendwann die Kinder ins Auto und brachten sie zu meinen Eltern. Ich bin meinen Eltern wirklich dankbar dafür, dass sie alle vier Kinder für zwei Nächte nahmen, und ich so ein verrücktes Projekt durchführen konnte. Um elf Uhr holten wir noch Marion ab. Marion war besagte Tagesmutter unserer Zwillinge.

Wir saßen also zu dritt im Auto, führten angenehme Gespräche und hatten noch etwa dreihundert Kilometer vor uns. Es war ein Freitag und wir waren auf viel Verkehr eingestellt, da aber noch nicht alle Bundesländer Ferien hatten, hielt sich der Reiseverkehr in Grenzen. Irgendwann machten Marion und ich die Augen zu, einfach nur, um noch ein paar Minütchen zu dösen. Das tat schon gut. Nach einer sehr ruhigen staufreien Autofahrt kamen wir um halb drei am Stadion in Rheinbach an, wir holten unsere Startunterlagen ab. Hunger hatten wir auch, fuhren aber zuerst kurz ins Hotel, welches nochmal eine knappe halbe Stunde von Rheinbach entfernt war, bevor wir uns noch in Rheinbach etwas zu essen holten. Marion stellte ihre Sachen bei uns im Zimmer unter, sie hatte zwar schon ihren Zimmerschlüssel bekommen, hatte ja aber nur für eine Nacht ein Zimmer gebucht. Wir konnten uns nochmal frisch machen, den Rucksack in Ruhe kontrollieren, uns nochmal Gedanken machen, ob man den ganzen Mist im Rucksack wirklich benötigte, gefühlt zehnttausend Mal den Rucksack noch mal umpacken und in die Wetter-App schauen, ob sich nicht doch noch was an der Wettervorhersage geändert hatte.

Es war zwar kein Regen angesagt, aber man weiß ja nie, also lieber doch mal die Jacke einpacken. Vielleicht friert man nachts auch einfach, denn man ist müde und schon länger unterwegs. Dennoch wollte ich so wenig wie nötig einpacken, dies war auch eine Erfahrung, die ich im letzten Jahr gemacht hatte. Da hatte ich sogar noch Wechselschuhe im Rucksack, unnötiger Ballast, wie sich herausgestellt hatte. Wechselschuhe hatte ich zwar dieses Jahr auch dabei, aber eben nur in der Wechseltasche, die von den Veranstaltern zum fünfzig-Kilometer-Punkt in Remagen transportiert wurde. Dort hatte ich auch wirklich alles drin. Angefangen bei frischen Strümpfen, über eine frische Unterhose bis hin zu einem neuen T-Shirt und eben anderen Schuhen. Aber der Rucksack war trotzdem noch viel zu schwer. Ich überlegte hin und her, konnte aber nichts im Hotel oder in der anderen Tasche lassen. Das einzig Gute daran war, zu wissen, dass, wenn ich an den fünfzig-Kilometer-Punkt käme, ich einfach so viel wie nur ginge in die Wechseltasche packen konnte und nur noch wirklich das Nötigste auf die letzten Kilometer mitnehmen musste.

Hunger hatten wir immer noch. Also fuhren wir gegen sechzehn Uhr zurück nach Rheinbach in die Innenstadt und aßen noch mal eine schöne große leckere Pizza und Nudeln, denn wir wollten vor dem langen Marsch unsere Speicher füllen. Wir gönnten uns sogar noch einen Nachtisch, es war so schönes warmes Wetter, da durfte ein Eis einfach nicht fehlen.

In der Innenstadt entdeckten wir dann auch schon die ersten Schilder für den Marsch. Denn wie im letzten Jahr würden uns auch in diesem Jahr die ersten fünf Kilometer direkt durch die Innenstadt von Rheinbach führen. Die Spannung stieg also wieder leicht an. Das Kribbeln im Bauch kam zurück, ein Gefühl, das sich nicht so leicht beschreiben lässt. Es war diesmal aber keine Angst, sondern einfach nur Vorfreude.

Als wir gegen achtzehn Uhr zurück im Stadion waren, füllte es sich so langsam. Zwei Stunden später sollte bereits der Start sein, aber als wir uns so umschauten, sah das alles noch nicht nach sechshundertfünfzig Startern aus. Wir legten uns auf eine Wiese und ruhten uns noch ein wenig aus, einfach die Füße hochlegen und entspannen, es folgten ja schließlich noch ein paar anstrengende und aufregende Stunden.

Um kurz vor acht verabschiedete ich mich von meinem Mann Michael, der sich einen Platz auf der Tribüne suchte, um uns mit den anderen Zuschauern im Stadion gebührend zu verabschieden. Marion und ich stellten uns auf die Aschebahn zu den anderen Startern. Wir sprachen nicht viel miteinander, die Spannung, die herrschte, hätte man wahrscheinlich mit Fingern greifen können, aber wir waren auch irgendwie erleichtert, dass es dann endlich losging.

Es folgte ein absoluter Gänsehautmoment. Das Startritual begann zwei Minuten vor dem Startschuss. Ein Dudelsackspieler lief von hinten durch das Teilnehmerfeld nach vorne an die Spitze. Unterstützt von Musik aus den Lautsprechern, ein sehr ergreifender Moment. Ich schloss die Augen und ließ alles auf mich wirken. Ich bin noch einmal tief in mich gegangen und wurde mir bewusst, was auf mich wartete und warum ich das alles tat und dann begann auch schon der Countdown.

Wir zählten von zehn abwärts und eine Glocke wurde geläutet, diese Glocke durfte dann keine vierundzwanzig Stunden später auch von jedem, der ins Ziel kam, geläutet werden. Zusammen mit der Dudelsackmusik und dem Applaus der Verwandten und Zuschauer auf der Tribüne verließen wir das Stadion. Mein Mann machte von diesem Augenblick zum Glück ein Video. Und selbst heute, fast zwei Jahre nach dem Marsch, bekomme ich eine Gänsehaut, wenn ich mir diesen Moment noch mal anschaue. Leider kann ich das Video hier nicht in diesem Buch teilen, aber lasst euch gesagt sein: es war ein absoluter *wow*-Moment.

Nur noch mal zur Erinnerung: Es war zwanzig Uhr abends, ich war dabei, auf hundert Kilometer zu starten, und bereits seit sechs Uhr dreißig am Morgen wach. Marion und ich hatten vor dem Lauf kurz besprochen, dass jeder sein eigenes Tempo liefe, niemand gliche sich an, denn wir wollten uns nicht gegenseitig bremsen oder hetzen. Gestartet sind wir aber zusammen. Die ersten Kilometer über war das Starterfeld auch noch sehr eng zusammen, dass lag unter anderem vermutlich auch einfach an dem Weg, den wir wanderten. Wir gingen aus dem Stadion Richtung Innenstadt. Durch einen Park hindurch und dort sind die Wege einfach nicht so breit. Nach dem Park führte der Weg durch ein Wohngebiet, dort standen vereinzelt Anwohner und applaudierten uns oder wünschten uns Glück. Wir kamen mit den ersten Mitwanderern ins Gespräch, es waren alle gut gelaunt und wir scherzten darüber, dass man bei Kindern beim Autofahren unter hundert Kilometern immer sagt: „Schau mal, wir sind vorne schon zweistellig, so lange kann es jetzt gar nicht mehr dauern!" Und wir mussten zu dem Zeitpunkt ja auch keine 100 Kilometer mehr wandern, wir waren dem Ziel schon etwas näher.

Wir erreichten in der Innenstadt die ersten Lokale und was soll ich sagen, die Stimmung war genial. Die Lokale waren gut gefüllt, war es doch ein schöner Sommerabend.

Fremde Menschen wünschten einem Glück, applaudierten und hatten ein Lächeln auf den Lippen, das machte Mut und tat verdammt gut. Es war schön, zu sehen, wie wildfremde Menschen sich für jemand anderen freuen können und ermutigend waren. Als wir aus Rheinbach rauskamen, waren wir schon mitten im Grünen. Es durften mittlerweile schon dreißig Minuten vergangen sein, so genau beobachtete ich das nicht, aber die Sonne ging langsam unter. Wir kamen an vielen Obstplantagen vorbei. Im Jahr zuvor hatte es dort noch leckeren Apfelsaft gegeben, in 2018 waren es, glaube ich, nur Äpfel, aber ich bin ehrlich, ich kann mich nicht mehr so genau erinnern, und leider habe ich das auch nicht in meinen Stichpunkten notiert, also schien es mir wohl nicht so wichtig gewesen zu sein. Es war aber sehr schön, durch die ganzen Obstbäume hindurchzulaufen. Die ganze Landschaft dort war sehr schön. Wir waren auf dem Weg zum Kottenforst. Im Jahr davor ging der Weg nicht so lange durch den Wald, da waren wir ein ganzes Stück länger durch Bonn gelaufen, das war ja aber wegen der Fußball-WM nicht möglich. Das wäre der Polizei dann doch zu viel geworden, dass neben dem Fußballevent evenutell noch hunderte von Menschen durch Bonn marschierten. Die Strecke durch den Wald fand ich persönlich schöner, wenn auch anstrengender.

Nach zehn Kilometern kam der erste Verpflegungspunkt. Anders als im Jahr zuvor gab es in diesem Jahr schon ab dem ersten Verpflegungspunkt Cola für jeden, der wollte. Ich trank einen Becher Cola, aber danach sofort noch einen oder zwei Becher Wasser. Cola *verklebt* den Mund so und wenn man nichts anderes hinterhertrinkt, bekommt man beim Wandern nur noch mehr Durst. Außerdem konnten wir unsere Flaschen aufzufüllen, dies taten wir mit Dextro Energy und liefen eigentlich auch gleich ohne große Pause weiter, wir fühlten uns gut.

Wir meint immer Marion und mich. Die ersten Kilometer liefen wir sehr gut zusammen, fanden es erstaunlich entspannt und unterhielten uns angeregt über Gott und die Welt. Es war auf jeden Fall so angenehm, mit ihr zu laufen, dass wir beschlossen, noch ein paar Kilometer weiter zusammen zu wandern.

Es wurde im Wald auch schon immer dunkler. Wir hatten ja aber zum Glück die Stirnlampen. Im Wald hingen außerdem bunte Knicklichter, das war im Vorjahr nicht so gewesen, zumindest nicht in meiner Erinnerung. Jeder Abschnitt hatte seine eigene Farbe, sodass man den Helfern im Falle eines Notfalls immer die Farbe nennen konnte und dann einfacher zu finden war. Aber zurück zu den Stirnlampen. Schnell merkten wir, dass es völlig ausreichend war, wenn wir uns mit dem Licht abwechselten. Ich fand es sehr erstaunlich, wie dicht das Feld zu diesem Zeitpunkt noch zusammen war. Wir waren zwar nie allein auf weiter Flur, aber die Wege im Kottenforst waren schon sehr beängstigend. Es ging zum Teil kilometerweit einfach lange gerade aus. Eigentlich toll, aber dennoch war ich froh, dass

Marion an meiner Seite war, und wir waren auch beide froh darüber, dass wir wirklich immer von Menschen umgeben waren. Es war ziemlich unheimlich, nachts im Wald unterwegs zu sein.

In der Vorbereitungszeit hatte ich mir darüber wirklich sehr viele Gedanken gemacht. Was würde passieren, wenn das Feld so weit auseinander wäre, dass ich wirklich allein liefe. Denn ich erinnerte mich noch an eine Situation aus dem Vorjahr. Wir waren schon am Rheinufer, kurz hinter Bonn, und leider waren dort einige Wegweiser entfernt worden. Wir wussten, immer am Rhein entlang bis Remagen, wie sich aber herausstellte, hätten wir einen anderen Weg etwas oberhalb des Rheinufers nehmen müssen. Wir waren deswegen im Jahr zuvor nicht weniger Kilometer gewandert, aber wir waren etwa zehn Kilometer lang nur zu zweit auf dem Weg, davor hatte ich in diesem Jahr echt die meiste Angst.

Wir befanden uns also zwischen Kilometer zehn und zwanzig. Die Wege waren breit und gingen wirklich lange geradeaus. Ein Vorteil war, dass wir weit vorne die anderen Wanderer sehen konnten. Denn alle Teilnehmer hatten auch Lichter an ihren Rucksäcken, damit man sie auch von hinten gut sehen konnte. Es war wirklich eine schöne entspannte, ruhige Strecke. Auch hier kamen wir wieder mit anderen Wanderern ins Gespräch und es war sehr angenehm, sich mit ihnen zu unterhalten.

Wir gelangten schon bei Kilometer achtzehn an den zweiten Verpflegungspunkt. Es gab Bananen und wieder viel zu trinken. Die Flaschen im Rucksack wurden neu gefüllt und wir machten wieder nur eine kurze Pause. Es war mittlerweile wirklich dunkel im Wald, auch merkte ich, dass ich schon etwas verschwitzt war, und somit beschloss ich, mein Halstuch aus dem Rucksack zu holen, da ich mich nicht erkälten wollte. Unsere Zeit war bis dahin super, wir hatten ein ziemlich hohes Tempo drauf, aber wir fühlten uns gar nicht so. Das war echt toll. So ging es weiter auf die nächsten Kilometer, es müsste ungefähr dreiundzwanzig Uhr dreißig gewesen sein, aber so genau schauten wir nicht auf die Uhr. Denn es war uns in diesem Moment egal, wie schnell oder langsam wir waren, da es einfach nur angenehm zu wandern war. Wir unterhielten uns weiter über die Wanderungen, die wir zur Vorbereitung gemacht hatten. Es war schon seltsam, da wohnte man so nah beieinander und war noch nie zusammen gewandert. Wir stellten fest, dass wir in Staufenberg einfach zu schön wohnte und man noch viel öfter wandern müsste. Über das Wandern kamen wir auf unsere Arbeit zu sprechen. Marion erzählte mir von ihrer Arbeit und es war schön, nach so vielen Jahren durch die Erzählungen noch mal an ihrer Arbeit teilhaben zu können. Unsere Zwillinge hatten mit ihr eine sehr schöne Zeit gehabt und sehr viele schöne Sachen erlebt.

Zwischenzeitlich war es sehr dunkel geworden und ich merkte, wie bei mir der Tunnelblick einsetzte, wer schon mal in der Nacht gewandert ist weiß vielleicht was ich meine. Bei diesem Tunnelblick in der Nacht sieht man wirklich nur das was de Lampe ausleuchtet, ist ja auch logisch, alles andere ist dunkel, ich habe damit aber extreme Probleme, da ich wirklich gerne auch viel um mich herum wahrnehme, das geht dabei natürlich nicht. Das hatte ich wirklich nur in der Nacht. Wer noch nie nachts gewandert ist, dem empfehle ich, es einmal auszuprobieren. Es ist eine Erfahrung, die ich nicht missen möchte.

Es waren immer noch lange breite Wege, auf denen wir liefen, es war angenehm zu wandern, und es waren auch erstaunlicherweise immer noch viele Mitwanderer zusammen. Immer wieder kamen wir an kleinen Grüppchen vorbei oder wurden von dem einen oder anderen Mitwanderern überholt. Bei dem Versuch, selbst zwei Mitwanderer zu überholen, kam ich ins Stolpern. Beide hatten ihre Stirnlampen an, wir unsere zu diesem Zeitpunkt wieder ausgemacht, da das Licht der anderen völlig ausreichend war. Wir kamen mit den beiden ins Gespräch. Es war ein nettes Gespräch, wo wir herkämen, warum wir mitwanderten und vieles mehr. Wobei ich auch da wieder ehrlicherweise zugeben muss, dass ich mich nicht mehr an alles erinnere. Aber es war nett und die Zeit ging einfach ein bisschen schneller vorbei und man war ein wenig abgelenkt von der Strecke und dachte nicht an die Kilometer. Leider waren die beiden Männer etwas schneller als wir, sodass wir sie bald ziehen lassen mussten. Aber wir sahen sie danach an der einen oder anderen Verpflegungsstation noch mal wieder.

Auch wenn die Schmerzen in den Füßen noch nicht da waren, war so eine Ablenkung doch mal ganz schön. Noch waren wir auf unbekannten Wegen, der Teil, den ich im Jahr zuvor am Rhein entlanggelaufen war, kam erst noch. Ich bin ja ehrlich mit mir selbst: Ich war zu diesem Zeitpunkt noch etwas orientierungslos. Ich wusste nur, dass wir *oberhalb* von Bonn mitten im Wald waren. Warum auch immer, aber ich machte auf diesem Teil der Strecke leider viel zu wenig Fotos. Gerne hätte ich die Wege hier jetzt einfach mal gezeigt, denn die waren einfach nur der Hammer. Ich vergesse bei so etwas immer wieder, Fotos zu machen, weil ich mit der Sache beschäftigt bin, dass mir so etwas einfach entfällt oder nicht wichtig genug erscheint. Im Nachhinein ist das manchmal ärgerlich.

Nachdem wir die Männer ziehen lassen mussten, genossen wir erst einmal wieder die Stille im Wald. Wichtig war zu diesem Zeitpunkt, dass Marion und ich zusammen geblieben sind. Zumindest für mich war das wichtig, denn es war fast Mitternacht, das heißt, wir waren erst vier Stunden unterwegs. Und die Nacht wäre noch lang. Langsam wurde es durch die Dunkelheit etwas gespenstisch. Der Wald war leicht unheimlich. Aber die Wege waren noch gut zu erkennen. Die Organisatoren hatten alle paar Meter bunte Knicklichter an die Bäume gehangen.

Ich finde es immer wieder erstaunlich, wie schnell sich beim Wandern alles ändern kann. Waren wenige Kilometer zuvor noch viele Wanderer um uns herum, wurden die Lücken so langsam größer und das Teilnehmerfeld zog sich auseinander, obwohl ich im Vergleich zum Vorjahr fand, dass noch immer viele Wanderer zusammen waren. Da wir unsere Rucksäcke kennzeichnen mussten, sah man auch vor sich immer wieder, wo die nächsten Wanderer waren. Einige hatten auch Knicklichter an ihren Rucksäcken, andere hatten einfach rote Rücklichter. So sah man ab und zu nur einen roten Punkt auf dem Weg.

Wir genossen immer auch mal die Ruhe, es war aber keine unangenehme Stille, sondern eine genießbare. Denn so eine Ruhe haben Marion und ich beide nicht in unserem Beruf und auch meistens nicht im Alltag. Rückblickend bin ich noch immer sehr froh darüber, dass ich nicht alleine wandern musste.

Michael war schon schlafen gegangen, der musste ja früh um fünf Richtung Remagen aufbrechen, der Shuttle-bus fuhr ab Rheinbach. Er hatte mir einige Nachrichten geschrieben, dass er uns eine schöne Nacht wünsche und wie stolz er auf mich sei. Es tat einfach nur gut, zu wissen, dass die Familie hinter einem stand.

Die Hörbücher, die ich mir extra für die Wanderung runtergeladen hatte, würde ich wohl nicht benötigen. Auch wenn wir nicht rund um die Uhr miteinander sprachen, war Marion ja immer noch bei mir, und da war es für mich nicht so wichtig, mich anderweitig abzulenken. Die Bücher hatte ich mir für den Fall runtergeladen, dass ich alleine wandern musste, um nicht zu sehr ins Grübeln zu kommen. Mentale Stärke war schon zu diesem Zeitpunkt etwas, womit ich mich beschäftigte, und gerade im Hinblick auf die hundert Kilometer war dies ja auch Thema meiner Vorbereitung.

Marion und ich besprachen auch die Strecke der hundert Kilometer. Wir hatten uns ja schon darüber unterhalten, wie wir uns vorbereitet hatten. Und ich hatte auch die Erfahrung aus dem letzten Jahr. Wir waren echt gespannt, wie weit uns unsere Füße tragen würden, vor allem weil uns auch bewusst war, dass es ab einer gewissen Kilometerzahl fast nur noch reine Kopfsache wäre.

Ich berichtete ihr von einem Austausch, den ich mit meinem späteren Mentaltrainerausbilder Michael von Kunhardt hatte. Den hatte ich nämlich während meiner Vorbereitungszeit angeschrieben, ob er mir Tipps zur mentalen Stärke geben könne, weil ich großen Respekt vor der Distanz habe. Er riet mir damals in einer Nachricht, dass ich einfach nicht über die Distanz nachdenken, sondern mir zum Beispiel eine Gliederung ausdenken solle, vielleicht für ein Buch, das ich über die Wanderung schreiben könne.

Marion und ich lächelten in uns hinein und ich meinte noch zu ihr, dass ich wohl eher kein Buch über diese Wanderung schreiben würde. So kann man sich täuschen.

Wir verließen so langsam den Wald und kamen in die ersten Dörfer. Wir unterhielten uns über die Namen der Dörfer, eines hieß *Pech*, und wir waren uns einig, dass es zwar ein sehr schönes Dorf war, zumindest das, was man nachts so sehen konnte, aber wir dort definitiv nicht wohnen wollten. Kaum waren wir aus den Dörfern wieder draußen, es waren zwei bis drei Dörfer, die durch Felder und Landstraßen miteinander verbunden waren, kam der dritte Verpflegungspunkt. Wir waren fast schon erstaunt, dass es schon wieder so weit war, da uns die Zeit sehr kurz vorgekommen war und wir durch die tollen Gespräche einfach die Zeit vergessen hatten. Wir waren etwa bei Kilometer dreiundzwanzig, dort gab es Würstchen im Brötchen, unsere erste *warme* Mahlzeit. Eigentlich hatte ich gar keinen Hunger, aber wir waren wirklich so schnell unterwegs gewesen, dass ich mir sagte: „Du musst essen, damit du deinen Speicher wieder auffüllst."

Wir füllten unsere Flaschen auf und gingen auf die Toilette. Viele machten hier nur kurz Pause, denn wir waren gerade so schön im Trott, sodass wir beschlossen, gleich weiterzulaufen. Wie auch schon an den Verpflegungspunkten vorher. Der nächste Verpflegungspunkt wäre dann schon in Bonn, danach ginge es an den Rhein.

Die kurze Pause war gerade um diese Uhrzeit für den Kopf sehr wichtig, sonst wäre die Gefahr bei mir zu groß geworden, müde zu werden. Noch waren wir wieder im Wald, auf angenehmen Wegen, keinem Asphalt. Der würde noch früh genug kommen. Man merkte, dass es mitten in der Nacht war, denn es wurde immer noch dunkler im Wald, deshalb wechselten wir uns mit den Stirnlampen wieder ab. Seltsamerweise war von Müdigkeit noch nichts zu spüren, was denke ich, an den angenehmen Gesprächen lag, die wir führten. Und dann waren wir auch schon in Bonn-Plittersdorf. In Gedanken war ich aber schon etwas weiter. Denn bald ginge es an den Rhein und das wäre so eine schöne Strecke! Wenn die Schiffe nachts auf dem Rhein fuhren und man dort direkt am Rheinufer entlangwanderte, es gab wirklich kaum Schöneres. Aber es würde auch eine anstrengende Zeit werden, da wir knapp zwanzig Kilometer auf geteerten Wegen liefen und dies für die Füße nicht so angenehm werden würde. Gut, dass ich mich in dem Jahr für normale Turnschuhe entschieden hatte. Es war aber keine einfache Entscheidung, denn die letzten fünfzig Kilometer kannte ich ja noch nicht, ich wusste also nicht, welche Wege noch auf uns zukämen. Ich hatte mich nur aufgrund meiner Erfahrung aus dem Vorjahr für mein Schuhwerk entschieden und in den Schuhen auch zu Hause regelmäßig trainiert, bis jetzt hatte ich auch keine Probleme mit Blasen oder schmerzenden Füßen. Die Schuhe waren definitiv eingelaufen. Für die Strecke auf Asphalt, die für den Rest der Nacht käme, waren die Turnschuhe aber auf alle Fälle genau richtig.

Wir hatten also den Wald komplett verlassen und liefen durch Bonn in Richtung Rhein. Bald käme auch wieder ein Verpflegungspunkt, da wir uns so langsam Kilometer dreißig näherten. Diesen Teil der Strecke mochte ich gar nicht. Ich fand es auch im Vorjahr schon nicht so doll, mitten in der Nacht durch Bonn zu laufen. Im Jahr zuvor war es aber wenigstens die Innenstadt gewesen, nun liefen wir durch Wohngebiete. Ich kann nicht genau erklären, warum ich den Teil nicht mochte, es war einfach total trist und öde, an Mehrfamilienhäusern vorbeizugehen. Die Idylle, die man während der ganzen Kilometer vorher im Wald um und in sich hatte, war mit einem Mal einfach dahin.

Der vierte Verpflegungspunkt kam bei Kilometer zweiunddreißig, kurz bevor es dann auf die Rheinpromenade ging. Hier gab es belegte Brote, aber darauf hatte ich nun wirklich keinen Hunger. Ich hatte von einer vorherigen Verpflegungsstation noch einen Müsliriegel, den ich aß, und ich trank wieder einen Becher Cola und viel Wasser. Sehr viel Wasser. Es war zum Glück nicht ganz so warm, aber auch nicht zu kalt. Okay, es war ein Uhr fünfundvierzig, also mitten in der Nacht. Ein *normaler* Mensch läge jetzt friedlich in seinem Bett. Aber dort am Verpflegungspunkt war echt viel los. Beim Auffüllen der Flaschen bedankten wir uns schon mal bei den Helfern, die auch mitten in der Nacht noch im Einsatz waren und uns mit motivierenden

Worten zum Durchhalten animierten. Das tat verdammt gut und die Stimmung war super. Müdigkeit verspürte ich noch immer nicht.

Ich freute mich auf den nächsten Abschnitt, denn die nächste Verpflegungsstation wäre auf einem Campingplatz und mal ehrlich ... Wir waren jetzt schon zweiunddreißig Kilometer gewandert, die restlichen achtundsechzig Kilometer sollten also auch kein Problem sein.

Nach einer kurzen Pause wanderten wir weiter, aber vorher lud ich meine Uhr noch etwas auf, da die Batterie schon fast leer war. Ich wollte so viel wie möglich von unserem Weg aufzeichnen. Auch dort gab es, wie an den anderen Verpflegungspunkten vorher, Tafeln, vor denen man Selfies machen konnte, aber irgendwie war das nicht meine Nacht dafür, hatte ich mir doch vorgenommen viele Fotos zu machen, da es ja über meinen Marsch eine Facebookseite gab und ich diese immer mal wieder mit Infos füllen wollte. Selfies von mir finde ich grundsätzlich total furchtbar, vielleicht vergaß ich deswegen auch die Fotos für die Seite zu machen, aber für Michael und auch für andere Freunde machte ich trotzdem das ein oder andere Bild, damit ich kurze Zwischenstände schicken konnte. Keine fünf Minuten später waren wir auch schon am Rhein. Ich hatte das Bild noch aus dem Vorjahr im Kopf und auch in dem Jahr wurde ich nicht enttäuscht. Marion und ich wanderten immer noch zusammen und nein, es wurde uns nicht langweilig. Wir unterhielten uns über Gesellschaftsspiele, schauten uns die Häuser an, an denen wir vorbeiliefen, und sprachen über Gott und die Welt.

Den nächsten Verpflegungspunkt schon im Visier, setzten wir einen Fuß vor den anderen und überholten sogar noch ein paar Mitwanderer, was uns natürlich noch mal motivierte. Wir waren gut in der Zeit; waren wir im Jahr zuvor doch fast eine Stunde langsamer gewesen. Ich erzählte Marion von dem nächsten Verpflegungspunkt auf dem Campingplatz. Dort gäbe es Liegestühle – und die waren echt bequem. Da hatten wir im letzten Jahr auch schon eine etwas längere Pause gemacht. Es war einfach nur toll gewesen, wie die Sonne über dem Rhein aufgegangen war und wir dort so dagelegen hatten. Damals hatte sich aber schon abgezeichnet, dass wir nur noch die nächsten zehn Kilometer wandern und dann aufhören würden, weil meine Füße einfach nicht mehr mitmachten. 2018 war meine Motivation eine ganz andere. Diese Motivation und auch die Erinnerung an die bequemen Liegestühle ließen mich wieder etwas wacher werden und auch meine Schritte wurden wieder etwas schneller. Marion konnte noch mithalten, sodass wir das Tempo tatsächlich noch mal etwas beschleunigen konnten.

Ein doofes Gefühl blieb jedoch, wenn ich nämlich hörte, dass von hinten jemand kam, um uns zu überholen. Eigentlich totaler Quatsch, weil wir ja wirklich gut in der Zeit lagen. Aber das war wohl mein sportlicher Ehrgeiz, denn es gibt für einen Sportler, glaube ich, nichts Schlimmeres, als von hinten überholt zu werden. Wir nutzten diese Situation meistens aber und schauten, ob wir mit den Überholenden nicht ein paar Minuten mithalten konnten. Meistens gelang uns das aber nicht. Wir sprachen auch erst mal wieder nicht so viel miteinander, war aber auch nicht schlimm, denn Hauptsache, wir waren nicht allein, und das war uns wichtiger, als nonstop zu reden.

Leider fingen bei Kilometer siebenunddreißig oder achtunddreißig meine Fersen etwas an, zu schmerzen, und die negativen Erinnerungen aus dem Vorjahr kamen hoch, hatte ich mir doch in der Vorbereitungszeit im letzten Jahr ganz schlimme Blasen an den Fersen gelaufen. Ich war erstaunt, dass es diesmal erst so spät begann. Während der Vorbereitung war auch alles glatt gelaufen, ich hatte nie Probleme. Da sieht man mal, dass es einfach auch immer auf den Tag und die Tagesform ankommt. Trotzdem ließen sich die Schmerzen aushalten. Ich nahm mir vor, mir am nächsten Verpflegungspunkt ein Blasenpflaster auf die Fersen zu kleben. Das Problem, das ich nicht bedacht hatte, war, dass ich ja Kompressionsstrümpfe anhatte. Mich beschlich die Angst, dass, wenn ich die einmal auszöge, ich sie nicht mehr anbekäme. Aber auch da müsste ich dann durch. Quasi Augen zu und durch, Hauptsache keine Blasen.

Kurz vor dem Verpflegungspunkt überholten wir wieder einen Mitwanderer, der, zwar nicht allzu laut, aber dennoch hörbar, Musik aus einer Box hörte. Beide schauten wir uns an und schienen das Gleiche zu denken. Stand nicht irgendwo in den Teilnahmebedingungen, dass lautes Musikhören verboten war? Zumindest aus Lautsprechern, sodass andere Mitwanderer oder evenutell auch Anwohner nicht gestört würden. Zumal der junge Mann immer nur ein Lied in Dauerschleife hörte. Wir versuchten einfach, schnell weiterzukommen, und wurden wieder etwas schneller, um so schnell wie möglich genug Weg zwischen uns bekommen. Denn wenn es ja wenigstens gute Musik gewesen wäre ... aber diese Musik war einfach nur schrecklich. So waren wir aber schnell außer Hörweite und hatten wieder etwas Zeit gutgemacht. Dann herrschte auch wieder Stille und wir genossen sie umso mehr. Da wir in unserem Alltag immer genug Lärm um uns herum haben, war die Stille wirklich toll. Wenn es nachts nur nicht so unheimlich wäre, würde ich so eine Nachtwanderung, glaube ich, viel öfter machen.

Wandern kann sehr meditativ sein, dennoch spürte ich deutlich, wie sehr ich den nächsten Verpflegungspunkt herbeisehnte. Es war schon erstaunlich, wie mein Körper auf die Anstrengungen reagierte, und auch, welche Zeichen er mir gab. Die Blasen waren mittlerweile deutlicher zu spüren, obwohl ich immer noch hoffte, dass es einfach nur Reibungspunkte waren, die noch keine Blasen verursacht hatten. Und da war er endlich! Verpflegungspunkt Nummer fünf am Campingplatz. Wir waren diesmal wirklich eine ganze Stunde schneller, als im Vorjahr. Die Sonne ging noch lange nicht auf und so nahmen wir nur auf einer Holzbank Platz. Einige Mitwanderer schienen schon eine längere Pause gemacht zu haben. Wir waren uns auch noch nicht sicher, was besser war: schneller laufen und immer größere Pausen zu machen oder kontinuierlich zu laufen mit kleineren Pausen. Es gab dort wieder Kaffee, wie an einigen Stationen zuvor auch schon, aber diesmal war er echt göttlich. Meine Sinne spielten wohl verrückt, denn als so lecker hatte ich Kaffee noch nie empfunden.

Ich klebte fleißig meine Blasenpflaster auf die Fersen und versuchte, meine Strümpfe wieder anzuziehen, aber ich merkte, dass wir schon über vierzig Kilometer gewandert waren. Die Füße und Waden waren schon etwas dicker, als noch am Abend vorher, trotzdem bekam ich die Strümpfe verhältnismäßig schnell wieder an und nach einer kurzen Pause liefen wir auch schon weiter. Denn das nächste Ziel war bereits Remagen, das hieße, die Hälfte wäre geschafft und danach würden die Kilometer, die wir noch wandern müssten, immer weniger.

Es war echt Wahnsinn. Die Erinnerungen an das Vorjahr kamen immer wieder hoch. Da war bei Kilometer fünfzig Schluss, weil wir einfach nicht mehr konnten, und 2018 war von Müdigkeit und von extremen Blasen noch nichts zu spüren. Da wir im Jahr zuvor länger bis zum Campingplatz gebraucht hatten, hatten wir einen traumhaften Sonnenaufgang erlebt, doch 2018 war es noch recht dunkel. Wir machten uns deshalb auf die letzten zehn Kilometer vor der Halbzeit. Die Fersen schmerzten schon etwas, es war aber nichts im Vergleich zum Vorjahr. Es muss etwa vier Uhr morgens gewesen sein. Michael musste bald aufstehen, meine Gedanken waren bei ihm. Hoffentlich hatte er sich noch irgendwoher Frühstück besorgt, denn so früh gab es im Hotel noch nichts zu essen. Ja, ich weiß, da kam die Ehefrau und Mutter durch, die sich immer Sorgen und Gedanken macht, ob alle gut verpflegt waren.

Es wurde langsam heller und wir benötigten wieder nur eine Stirnlampe und konnten uns gut abwechseln. Von Müdigkeit war noch immer nichts zu spüren, was mich zwar etwas wunderte, was aber, glaube ich, völlig normal war, da unsere Körper einfach voller Adrenalin waren. Schritt für Schritt näherten wir uns dem fünfzigsten Kilometerpunkt, also der Hälfte unserer Wanderung. Die Dämmerung trat langsam ein. Der Sonnenaufgang war nicht ganz so schön wie im letzten Jahr. Da waren wir ja um die Zeit noch auf dem Campingplatz und ich hatte das Gefühl, dass es 2018 etwas bewölkter am Morgen gewesen war, aber da konnte ich mich auch täuschen, denn man läuft irgendwie wie in Trance. Natürlich war ich noch auf eine gewisse Art hellwach, aber es war ein seltsames, nicht zu beschreibendes Gefühl. Man funktionierte einfach, es passierte alles automatisch. Dass dieses Gefühl sich zu einem späteren Zeitpunkt noch verstärken sollte, konnte ich da noch nicht mal annähernd ahnen.

Wir unterhielten uns darüber, wie schnell wir eigentlich unterwegs waren, es erstaunte uns beide, da wir bei unseren Trainingseinheiten beide nicht so schnell gewesen waren. Ich schätzte, dass wir im guten Mittelfeld lagen. In meinem Kopf spukt bei einer solchen Veranstaltung immer herum, *nie* die Letzte zu sein. Es ist mir relativ egal, was vor mir passiert, aber ich will nie die Letzte sein oder gar irgendwo aufgesammelt werden müssen, weil ich zu langsam bin. Das setzt mich natürlich immer etwas unter Druck. Es ist eine komische Angewohnheit von mir – oder sollte ich eher sagen, dass ich Angst davor habe? Angst davor, zu versagen, Angst davor, Letzte zu sein? Aber woher kommt diese Angst? Es sind wohl Versagensängste, die Angst davor, dass Menschen mich auslachen, weil ich mich gerade nur so ins Ziel kämpfte. Mittlerweile habe ich gelernt, dass es egal ist, was andere über mich denken. Die Hauptsache ist, ich glaube an mich selbst. Auch der Rhein-Ahr-Marsch trug dazu bei, dass ich heute anders denke.

Aber wieder zurück zum Tempo, wir lagen also unserer Einschätzung nach im guten Mittelfeld. Wir waren etwa bei Kilometer fünfundvierzig, schnell unterwegs, noch gut drauf, kaum müde und die Füße machten auch noch super mit, dafür, dass wir schon so weit gelaufen waren. Das war so ungefähr immer unsere Trainingsstrecke gewesen. Fünfundvierzig Kilometer – länger waren wir im Training nicht gelaufen. Im Jahr davor zwar die fünfzig, aber danach nicht noch mal. Man hat eben Respekt vor so einer Strecke und eins weiß ich genau: Wenn ich die hundert Kilometer irgendwann noch mal wandern sollte, werde ich mich noch besser darauf vorbereiten. Das A und O ist einfach, viele Kilometer am Stück zu laufen.

Wir wussten bereits beide, dass wir nach der Station in Remagen noch weiterwandern würden. Wir wollten mehr erreichen, wollten uns steigern. Außerdem sammelte ich ja noch immer die Spenden. Das durfte ich nicht aus den Augen verlieren. Dennoch wurden die letzten vier Kilometer vor der Verpflegungsstation echt hart. Das war dann Training hauptsächlich für den Kopf. Wir wanderten am Rhein entlang Richtung Remagen, sahen Remagen schon vor uns, da der Weg eine sehr langgezogene Linkskurve machte. Wir hatten also immer das Ziel vor Augen. Einerseits war das gut, andererseits aufgrund der Zeit einfach auch verdammt lang. Wir sahen die roten Lichter unserer Mitwanderer, die schon dreißig bis vierzig Minuten vor uns liefen. Aber es ist eben nun mal so, dass man ab einem gewissen

Punkt die letzten Kilometer vor einer Verpflegungsstation nur noch betet, dass die Zeit schnell vorbei ginge und man einfach schnell da wäre. An dieser Stelle war das noch ein wenig gemeiner, weil wir eben alles vor uns sahen. Oder vielleicht auch, weil ich genau wusste, wo die Verpflegungsstation war. Aber wir waren so gut in der Zeit, dass wir uns auch einfach sagten: Wenn wir jetzt ankämen, könnten wir uns auch eine größere Pause gönnen

Trotzdem versuchte ich erst einmal, den Kopf auszuschalten, versuchte, nicht mehr so viel nachzudenken über das, was in den nächsten Minuten käme. Mein Ziel stand ja eh fest und ... genau ... Aufgeben war keine Option. Außerdem musste ich immer wieder an den Satz einer Mitwanderin denken mit den zweistelligen Kilometern. Ab Kilometer 50,1, würden wir auch immer weniger Kilometer zurücklegen müssen. *Nur* noch 49,9 Kilometer, also das wäre ja gar nicht mehr so viel. Zehn Kilometer hatte ich im Training in einer Stunde vierzig geschafft. Okay, einigen wir uns auf zwei Stunden inklusive Pausen, das lässt sich auch besser rechnen. Dann wären es nochmal gute zehn Stunden. Das rechnete ich mir immer wieder durch. Ich war guter Dinge, da mir meine Füße ja noch nicht wirklich weh taten, beziehungsweise ich die Schmerzen noch gut wegatmen und wegdenken konnte. Die Devise hieß einfach: Immer weiter Schritt für Schritt wandern, wenn Remagen erreicht wäre, würde es immer weniger werden, was wir noch laufen müssten, dann würden die Zahlen mit jedem gelaufenen Kilometer immer kleiner werden.

Aber wie auch im Jahr zuvor zog sich die Kurve verdammt lang hin. Ich erkannte viele Punkte wieder, vor allem waren mir einige Stellen erstaunlich prägnant im Gedächtnis geblieben. Und doch erreichten wir natürlich irgendwann das Ortsschild von Remagen. Es war ein tolles Gefühl. Die Brücke von Remagen, oder besser gesagt das, was von ihr übriggeblieben war, kam auch immer näher, also war der Verpflegungspunkt nicht mehr fern. Wir unterhielten uns kurz über das Geschichtliche, was wir über Remagen wussten, beziehungsweise über die Brücke von Remagen, und ich schämte mich ehrlicherweise etwas, weil ich gar nicht so viel darüber wusste, aber ich würde es auf alle Fälle nachlesen und somit wieder etwas schlauer aus diesem Marsch hervorgehen. Nicht nur, dass ich mental bis dahin viel über mich gelernt hatte, nein, ich würde auch geschichtlich etwas mitnehmen. Wenn das meine Geschichtslehrerin aus der Schule noch mitbekäme, die hatte damals nämlich nicht an mich geglaubt.

Wir erreichten also Kilometer fünfzig, es war fünf Uhr zweiundzwanzig, hatten also gut neun Stunden zweiundzwanzig benötigt. Wir lagen sehr gut in der Zeit! Vor allem, weil wir an jedem Verpflegungspunkt auch immer nur einige Minuten Pause gemacht hatten, konnten wir schon ein wenig Stolz auf uns sein. Die Verpflegungsstation lag in einer Mehrzweckhalle, den genauen Namen weiß ich nicht mehr, aber ich kannte diese Halle noch vom Vorjahr. Ich ging direkt in die Halle, da ich mich erst einmal umziehen wollte, bevor ich etwas aß. Im Jahr zuvor gab es dort Hühnersuppe und ich weiß noch, wie ich in der Vorbereitungszeit 2017 immer gesagt hatte, dass ich mir nicht vorstellen könnte, morgens um sechs Uhr Hühnersuppe zu essen. Heute kann ich kann euch sagen: Es war die beste Hühnersuppe, die ich je in meinem Leben gegessen habe. Auf dem Weg in die Halle kamen wir am Essen vorbei: Es gab Nudeln mit Tomatensoße. Darauf hatte ich ja leider so gar keinen Hunger, aber mal schauen, wie es aussähe, wenn ich mich umgezogen hätte.

Ich rief mir noch mal in Erinnerung, dass ich ja bereits seit fast vierundzwanzig Stunden wach war. Echt der Wahnsinn, aber noch war keine Müdigkeit in Sicht. Das Adrenalin puschte mich ungemein, ich hatte bereits so viel geschafft wie im Jahr zuvor und ich fühlte mich noch absolut gut und würde einfach weiterlaufen. Wir gingen am Essen vorbei in die Halle, suchten uns eine Bank und setzten uns erst einmal hin. Sofort zog ich die Schuhe aus und ließ Luft an meine Füße, die Strümpfe würde ich nun auch wechseln. Der Tag sollte warm werden, da konnte ich keine Kniestrümpfe anziehen, denn das würde vielleicht zu warm werden. Ich zog mich quasi einmal komplett um, frische Unterhose, frische Strümpfe, aber Hose und T-Shirt blieben, nur das Langarmshirt zog ich aus. Einige Pflaster musste ich nochmal verkleben, ließ aber erst noch ein wenig Luft an die Füße. Ich entschied mich auch dafür, die Schuhe zu wechseln, da ich ja nun doch schon ein paar Blasen und die Hoffnung hatte, dass es durch andere Schuhe nicht so schlimm werden würde.

Auf die Nudeln hatte ich auch nach fünfzehn Minuten Pause noch keinen Hunger. Wäre mein Mann dagewesen, der hätte mir einfach ein Portion geholt und mich dazu *gezwungen*, zu essen, weil es wichtig war. Das war mir auch bewusst, aber wenn ich keinen Hunger hatte, was sollte ich machen? Ich hatte zum Glück einen Eiweißshake in meinem Rucksack, den ich mir mit Wasser anrührte und trank, sehr lecker und erfrischend.

Marion und ich entschieden uns für eine längere Pause, da wir noch sehr gut in der Zeit lagen und unseren Körpern etwas Ruhe gönnen wollten. Ich legte mich auf den Fußboden und meine Füße erhöht auf eine Bank. Um uns herum waren weitere Mitwanderer, die zum Teil weiterliefen, aber zum Teil an dieser Stelle auch aufhörten. Ich wusste, wie sie sich fühlten, an diesem Punkt war ich das Jahr zuvor ja auch gewesen. Ich hatte mich ziemlich scheiße gefühlt. Als Versager, aber das war ich ja eigentlich nicht und als solcher musste sich auch an diesem Tag niemand fühlen. Wenn man sich aber ein bestimmtes Ziel setzte und dieses dann nicht erreichte, war man einfach frustriert. Und dennoch hatte man fünfzig Kilometer geschafft, einfach nur Wahnsinn. Ich schloss die Augen und lauschte den Gesprächen. Ich ruhte mich aus, auch wenn ich gar nicht so müde war. Langsam merkte ich, wie meine Füße wieder etwas abschwollen.

Michael wäre mittlerweile auch wach und würde sich bald auf den Weg zum Bustransfer machen. 2017 war hier für uns Schluss gewesen und wir hatten bis acht Uhr warten müssen, bis wir wieder mit dem Bus zurück nach Rheinbach fahren konnten. 2018 lief ich weiter. Wir hatten uns ja ausgerechnet, dass Michael mich ungefähr bei Kilometer siebzig einholen würde, wenn bei mir alles gut liefe. Zurzeit sah es gut aus, aber natürlich merkte ich auch, dass ich wirklich schon fünfzig Kilometer gewandert war, und vor allem, dass ich schon fast vierundzwanzig Stunden wach war. Ich nutze die Zeit in der Halle auch, um meine Uhr aufzuladen, mein Handy würde später auch noch geladen, das konnte ich aber während des Wanderns machen, da ich das Handy nicht zum Musikhören brauchte, weil Marion und ich immer noch zusammen liefen. Wir beschlossen, auch noch weiter zusammen zu laufen. Jetzt kam ja der Streckenabschnitt, den keine von uns beiden kannte. Wir freuten uns, waren gut gelaunt und wollten mit dem Weiterwandern noch etwas warten. Spätestens gegen sechs Uhr wollten wir weiterlaufen; die Schuhe ließen wir noch aus, da unsere Füße mehr Luft bekommen sollten.

Wir redeten kaum, jeder war für sich. So langsam setzte ich mich wieder auf die Bank, da ich Angst hatte, sonst einzuschlafen. Ich beobachtete die anderen Wanderer. Sah ich auch so fertig aus? Ich fühlte mich doch eigentlich noch ganz gut. Nicht vergleichbar müde wie im letzten Jahr und fit genug, die letzten fünfzig Kilometer zu schaffen. Wenn ich jetzt weiterwanderte, würde es ja auch immer weniger. Es stand schon eine vier vorne. Das motivierte mich noch ein wenig mehr. Es war aber auch klasse, was wir bis dahin geschafft hatten. Fünfzig Kilometer musste man erst mal schaffen. Es hört sich immer gar nicht so viel an, aber es ist viel und man wandert das nicht einfach so und ohne Training.

So langsam begannen wir, unsere Rucksäcke umzupacken. Die Jacke, die ich zur Sicherheit für die Nacht eingepackt hatte, brauchte ich definitiv nicht mehr am Tag. Noch war es nicht zu warm, aber ich schaute in meine Wetter-App und sah, dass es ziemlich warm werden sollte. Auch die Stirnlampe benötigten wir zum Glück nicht mehr. Wir packten so viel wie möglich aus unserem Rucksack aus, damit wir nur so wenig Gewicht wie möglich mitnähmen. Wir tranken noch einen Kaffee, Marion hatte sich auch Nudeln geholt, aber darauf hatte ich noch immer keinen Appetit. Und wir gingen noch auf die Toilette. Von der Toilette zurück, zogen wir langsam wieder unsere Schuhe an, füllten unsere Flaschen auf und machten uns bereit, wieder zu starten. In das nächste Abenteuer, auf die letzten fünfzig Kilometer.

Wenn ich so darüber nachdenke, weiß ich gar nicht mehr, wie spät es wirklich war, als wir wieder losliefen, es muss aber kurz vor sechs gewesen sein. Leider hatten wir beide nicht dran gedacht, zu schauen, wie viele Kilometer es bis zum nächsten Verpflegungspunkt wären. Wir liefen einfach nur gut gelaunt los.

Das war echt eine Verbesserung zum Vorjahr. An jedem Verpflegungspunkt stand, wie weit es bis zum nächsten Verpflegungspunkt wäre. Eigentlich waren diese Angaben nie wirklich erforderlich, zwar hilfreich, aber nicht notwendig. So hatten wir das Gefühl, wir würden uns von Verpflegungspunkt zu Verpflegungspunkt *kämpfen*. Alle zehn Kilometer ein Verpflegungspunkt, auf den letzten Kilometern sogar alle fünf, wenn ich mich richtig erinnerte. Also sollte das ja zu schaffen sein. Dann wären es also noch zirka sechs oder sieben Verpflegungspunkte. Mein Kopf fühlte sich wieder frisch an. Zu Beginn der großen Pause war er doch schon ziemlich leer gewesen und ich lief wie in Trance. Jetzt liefen wir frisch und erholt am Rhein entlang. Ein Vorteil der Pause war es, sich kaltes Wasser ins Gesicht spritzen zu können. Das hatten wir beide gemacht und wir kamen danach lachend und frisch zurück in die Halle. Nun liefen wir wie gesagt noch ein Stück am Rhein entlang, aber bald müssten wir abbiegen, denn wir müssten ja Richtung der Weinberge, in das schöne Ahrtal. Wir liefen nicht mehr so schnell, wie in der Nacht, waren aber noch immer gut in der Zeit. Langsam merkte ich die fünfzig Kilometer aber doch. Der Weg war total schön. Wir liefen einen kleinen Trampelpfad entlang, mitten durch ein kleines Stück Wald.

Wäre es wärmer gewesen und die Luftfeuchtigkeit höher, hätte man meinen können, wir wären im Dschungel gewesen. Wir trafen auch hier wieder auf einige Mitwanderer. Zum Teil wurden wir überholt, aber auch wir überholten noch einige, die vor uns gestartet waren. Das war wieder gut für den Kopf. Zumindest ging es mir so, denn dann wusste ich, dass ich noch gut in der Zeit war und auch noch durchhalten konnte. Ich merkte aber zu dem Zeitpunkt, dass etwas an einem meiner Zehen passierte. Ich wusste nicht, was es war, aber es fühlte sich gar nicht gut an. Es war ein stechender Schmerz. Ich bezweifelte, dass es eine gute Idee gewesen war, die Schuhe zu wechseln, wollte den Schuhen aber noch eine Chance geben.

Mein Zeitgefühl war da bereits wieder weg. Wann kam nur endlich der rettende Verpflegungspunkt? Ich musste mir meinen Fuß anschauen und entscheiden, ob ich ein Pflaster aufkleben oder etwas anderes unternehmen musste. Klar käme nicht schon nach fünf Kilometern der nächste Verpflegungspunkt, da ja in Remagen auch erst einige auf ihre fünfzig Kilometer gestartet waren, wäre das ja etwas albern. Aber waren wir wirklich erst fünf Kilometer gewandert? Wir hatten kein Gefühl mehr dafür. So fit, wie wir uns nach der Pause noch gefühlt hatten, so müde wurden wir plötzlich. Der Kopf machte gerade so noch mit, aber es war schon frustrierend, dass wir uns schon *so* fertig fühlten und es noch *gefühlt* so viele Kilometer bis zum nächsten Verpflegungspunkt waren. Aber hey, dann stünde eine sechs vorne beziehungsweise es fehlten vielleicht nur noch ein paar hundert Meter bis zur sechzig-Kilometer-Marke, somit waren es dann *nur* noch knapp vierzig Kilometer.

Ich merkte aber dennoch, dass ich bald irgendwelche mentale Unterstützung benötigte. Marion und ich liefen noch immer gemeinsam. Aber ab dem nächsten Verpflegungspunkt würden sich unsere Wege vermutlich trennen. Denn ich musste langsamer wandern, damit ich noch weiter machen konnte, und Marion musste in einem schnelleren Trott bleiben, damit sie nicht einbrach. Mein rechter Zeh stach bei jedem Schritt immer stärker, als ob mir jemand eine Nadel hineinstechen würde. Es tat wirklich höllisch weh. Doch plötzlich kam Verpflegungspunkt sieben in Sicht und wir wanderten wieder etwas zügiger. Der Weg von Remagen bis dahin war wirklich sehr schön gewesen. Trotz der vielen Zweifel, die zwischendurch aufgekommen waren, war es gerade für die Füße mal wieder sehr schön gewesen, auf Waldwegen zu laufen.

Theoretisch laufe ich ja lieber auf Asphalt, denn da gibt es nicht so viele Stolperfallen, im Wald muss man sich schon sehr konzentrieren. Deswegen war es gut, dass es in der Nacht sehr viel Strecke auf Asphalt zu bewältigen gegeben hatte.

Am Verpflegungspunkt angekommen gab es Joghurt, Obst und wieder die unterschiedlichsten Getränke. Wir aßen und tranken etwas und schauten uns unsere Füße an. Marion hatte mittlerweile auch Blasen, ich war zum Glück also nicht allein damit. Ich bekam einen kleinen Schrecken, denn ich hatte eine Blase direkt am Nagelbett beziehungsweise war es noch keine richtige Blase, aber ich merkte, es würde eine werden, und so wie es aussah, würde sich dadurch mein Zehnagel verabschieden. Nach dem ersten Schock kam ich aber schnell wieder in der Gegenwart an und überlegte, was ich am besten tun konnte. Ich hatte mal gelesen, dass es bei so extremen Anstrengungen völlig normal war, dass man den einen oder anderen Zehnagel verlor, also sammelte ich mich kurz und schaute in meiner kleinen Reiseapotheke nach Pflaster und überlegte, wie ich das am besten händeln konnte. Ich klebte das Pflaster so fest, wie es nur ging, um den Zeh, damit der Nagel Stabilität bekam.

Aber immerhin waren wir bis jetzt neunundfünfzig Kilometer gewandert und konnten schon etwas stolz sein und Aufgeben war keine Option, deswegen zog ich schnell den Strumpf und meinen Schuh wieder an. Man musste eben auch mal die Zähne etwas zusammenbeißen, wenn man ein bestimmtes Ziel erreichen wollte. So viel wie in den letzten Stunden waren Marion und ich beide noch nicht am Stück gewandert und wir wussten, dass es einige, die mit uns gestartet waren, gar nicht mehr bis Punkt sieben geschafft hatten. Wir waren noch immer sehr gut in der Zeit. Die Wanderer, die morgens in Remagen auf die fünfzig Kilometer gestartet waren, waren zwar zum Teil schon unterwegs, aber es hatten uns zum Glück noch nicht so viele überholt. Denn das wäre wie schon in der Nacht keine gute Sache für meinen Kopf.

Bevor wir weiterwanderten, schrieb ich Michael eine kurze Nachricht. Er müsste auch bald starten oder war er gar schon losgelaufen? Dann hätte er mich auf alle Fälle spätestens bei Kilometer siebzig eingeholt. Langsam war ich echt kaputt, ich redete still mit mir selbst, dass fast die sechs vorne stünde und somit nur noch knappe vierzig Kilometer zu wandern waren und dass ja, wenn wir bei Kilometer einundsechzig wären, vor den noch zu laufenden Kilometern eine drei stünde. Die Zahlen würden also immer kleiner und das baute mich auf. Ich hoffe, ihr könnt meine Gedanken während des Marsches nachvollziehen, die unter solch einer Anstrengung entstanden.

Wir liefen nach einer kurzen, zehnminütigen Pause weiter, aber es trat nun das ein, was sich auf den letzten fünf Kilometern schon angekündigt hatte. Marions und meine Wege trennten sich hier. Wir wanderten noch kurze Zeit zusammen, aber schon bald merken wir, dass Marion wirklich schneller laufen musste, als ich es noch konnte. Dabei spielte natürlich auch mein Zeh eine große Rolle. Trotz des Pflasters war es immer noch so, als ob mich eine Nadel in den Zeh stechen würde. Wir verabredeten uns für den nächsten Verpflegungspunkt, außer ich wäre so langsam, dass Marion besser sofort weiterwanderte. Es gab zwar noch ein paar Momente, in denen es schneller ging, aber ich konnte wirklich nicht mehr mit Marion mithalten. Ich hatte nicht gedacht, dass es zwischen Marion und mir so gut harmonierte. Wir waren wirklich sechzig Kilometer zusammen gewandert, hatten tolle Gespräche geführt und ich glaube, ich hätte ohne sie die Nacht nicht so gut überstanden. Vielen Dank an dieser Stelle an Marion für die tollen Stunden!

Danach versuchte ich, in mein eigenes Tempo reinzukommen, auch wenn ich langsamer wurde. Ich schaute immer wieder auf meine Uhr und bekam den zweiten Schrecken an diesem Morgen. Es war zwar erst etwa neun Uhr, aber ich wurde wirklich deutlich langsamer. Da holte ich mein Handy zu Hilfe, meine Kopfhörer und hörte mir meine Motivationsplayliste an. Lieder, die mir während der Vorbereitungszeit sehr geholfen hatten und die mir auch jetzt helfen sollten. Ich wollte einfach einen Takt finden, in dem ich weiter wandern konnte. Leider half mir die Uhr dabei gar nicht. Ich setzte mich immer stärker unter Druck, hatte Angst, dass ich zu langsam würde. Ich lag bei ungefähr zwölf Minuten pro Kilometer. Also wirklich wesentlich langsamer als in der Nacht. Die Müdigkeit kam noch dazu und es liefen das erste Mal die Tränen an diesem Tag, es sollte aber auch nicht das letzte Mal sein.

Ich versuchte, das Tempo etwas anzuziehen, die Musik half mir etwas. Ich wusste, dass ich, so lange es ging, unter zwölf Minuten bleiben musste, damit ich genug Puffer hätte. In meinem Kopf redete ich mit mir selbst: „Los, lauf einfach weiter, setz einfach einen Fuß vor den anderen, es ist nicht schwer, bleib einfach in deinem Tempo!" Es kam ein kleiner Verpflegungspunkt, der nicht auf der Karte eingezeichnet war, ich nahm ihn aber dankend an. Wir waren in Bad Neuenahr-Ahrweiler, hier gab es leckeres Wasser. Nun war ich mittlerweile bei Kilometer dreiundsechzig, hatte also nur noch siebenunddreißig Kilometer zu wandern, das war ein Witz, wenn ich daran dachte, was ich schon alles hinter mir hatte. Siebenunddreißig Kilometer im frischen Zustand waren in etwa fünfeinhalb bis sechs Stunden zu erwandern. Das machte mir neuen Mut. Klar, ich war nicht mehr frisch, denn ich wanderte ja nun schon seit über zwölf Stunden und war seit mehr als vierundzwanzig Stunden wach, dass zerrte wirklich an meiner Kraft, aber ich versuchte, nur noch an die positiven Dinge zu denken.

Wir liefen durch einen Kurpark, die Landschaft war schön, es waren viele Spaziergänger unterwegs. Das Wetter war ja auch toll, da konnte man den Vormittag noch mal nutzen, bevor es vielleicht zu heiß werden würde. Es waren wieder Wanderer vor und hinter mir, aber ich wurde eher überholt. Was schön war: man traf sich doch immer wieder. Selbst wenn ich überholt wurde, denn an dem kleinen Verpflegungspunkt hatte ich Wanderer getroffen, die mich vorher bereits überholt hatten. Man redete kurz miteinander, ich weiß nicht mehr genau, über was, es müssen wohl aufmunternde Worte gewesen sein, denn ich hatte schließlich nicht aufgegeben. Auch redete ich mir auch immer ein, dass ich das Ganze für die kleinen Riesen tat. Ich wollte, dass ganz viel Geld zusammenkam, es gab zwar im Vorfeld schon einige Spender, die feste Summen gespendet hatten, aber genauso gab es auch viele Spender, die pro gelaufenem Kilometer eine bestimmte Summe spenden wollten, und da wollte ich natürlich so viele Kilometer wie möglich zusammenbekommen.

Die Pause war kurz, ich hatte nur schnell im Stehen etwas getrunken, diese kleine Station war bei Kilometer dreiundsechzig und kein offizieller Verpflegungspunkt. Der nächste Verpflegungspunkt wäre in Walporzheim bei Kilometer neunundsechzig. Das wäre doch wohl zu schaffen, denn ab da stünde schon fast die zwei vor den noch zu laufenden Kilometern. Ich schrieb Michael und fragte, wo er sei und dass ich nicht mehr könne, es war ein ständiges hin und her zwischen weiter machen und aufhören. Ich war seelisch wirklich am Ende. Der müde Punkt war überschritten und ich kann sagen, dass ich mich in diesem Moment auf dem Tiefpunkt meiner Wanderung befand. Marion war schon weitergelaufen, Michael war noch nicht bei mir. Ich war ganz allein, meine Gedanken spielten verrückt, meine Zweifel wurden immer größer und ich glaubte zu diesem Zeitpunkt nicht mehr an mich.

Wegen meiner Nachricht muss Michael fast gerannt sein, so schnell hat er mich dann wirklich eingeholt. Bei Kilometer fünfundsechzig hatte er mich, ich war *so froh*. Oder war ich einfach die letzten zwei Kilometer derart langsam gelaufen? Ich wusste immer noch nicht genau, wie spät es war, ich schätzte die Uhrzeit immer nur. Ihr fragt euch bestimmt: Warum schaut sie denn dann nicht einfach auf ihr Handy oder ihre Uhr? Ich weiß es bis heute nicht, ich kann es mir ehrlich gesagt nicht erklären, warum ich nicht einfach mal nachgeschaut hatte. Vielleicht hatte ich das, aber ich konnte es wohl mir einfach nicht mehr merken. Ich lief wie in Trance, es ging wirklich nur noch einen Fuß vor den anderen.

Michael nahm mir sofort meinen Rucksack ab, er war ja ohne gestartet, denn wir hatten faltbare Becher dabei, die er in seiner Hosentasche verstauen konnte. Das bedeutete für mich schon mal eine Last weniger, es ließ sich etwas leichter laufen.

Dennoch schaute ich immer wieder auf meine Uhr, um zu kontrollieren wie schnell beziehungsweise langsam ich war und ich war definitiv zu langsam, wieder kamen mir die Tränen: Ich war nun schon so weit gekommen, aber ich hatte Angst, es nicht zu schaffen. Nicht, weil ich nicht die Kraft hatte, sondern weil ich dachte, dass die Zeit vielleicht nicht ausreichen würde.

Zum Glück war Michael jetzt bei mir, er reichte mir sofort die Flasche, obwohl ich ihm sagte, dass ich gerade erst etwas getrunken hätte. Er *nötigte* mich, zu trinken, einen Riesenschluck. Zu unseren Kindern sagten wir früher immer, sie sollten einen *Mundschenkschluck* trinken. Das sagte Michael nun zu mir. Ich musste lachen. Es tat so gut, ihn bei mir zu haben. Die letzten fünf Kilometer allein waren die Hölle gewesen.

Trotzdem hatte ich das Gefühl, noch leicht wie in Trance zu sein, obwohl das Wasser half.

Mein Blick ging immer wieder zur Uhr, die fing nun auch noch an zu piepen und sagte mir, dass sie kein GPS-Signal mehr habe, da sie kaum noch Batterie hatte. Michael nahm mir die Uhr ab und sagte, dass ich mich ab da auf ihn verlassen sollte. Wir waren im Grunde gut in der Zeit und würden das Ziel pünktlich erreichen. Da war er aber wieder, mein seelischer Einbruch, meine Zweifel, das Schimpfen mit mir selbst, meine Angst. In meinem Kopf spukten immer wieder die Gedanken an die kleinen Riesen und an meine eigenen Kinder, das half mir aber auch, weiterzulaufen. Einen Fuß vor den anderen, immer weiter. Dazu kam ja noch, dass mir der Zeh noch so weh tat, immer stärker. Es stach immer intensiver. Michael sagte, dass wir bei der nächsten Station nochmal nachsehen würden, aber ich entgegnete, dass ich den Schuh bis zum Ziel nicht mehr ausziehen würde, sonst bekäme ich ihn nicht mehr an. Das Laufen lief auch nicht mehr wirklich rund. Okay, ich habe auch noch nie jemanden *eckig* laufen sehen, aber ich hätte mir auch nicht selbst beim Laufen zusehen wollen.

Wir redeten nicht viel. Michael sagte mir immer wieder, wie stolz er auf mich sei und dass ich auch sehr stolz auf mich sein solle, denn so viel und so weit sei ich vorher noch nie am Stück gelaufen. Es tat wirklich gut, ihn in meiner Nähe zu haben, aber ich hatte jedes Zeitgefühl verloren. Nicht nur, dass ich immer noch nicht wirklich wusste, wie viel Uhr es war, es fühlte sich auch alles wie im Film an um mich herum. Ich nahm die Landschaft wahr und redete auch mit Michael, aber wenn ich heute so darüber nachdenke, kann ich mich an fast nichts mehr erinnern. Bruchstückhaft noch an die Landschaft, aber wenn ich meine Erinnerung mit den Fotos abgleiche, ergibt sich in meinem Kopf irgendwie eine andere Reihenfolge. Das Gefühl, das ich fühlte, kann ich nicht wirklich beschreiben. Wenn ich es beschreiben müsste, dann so, als ob ich nur noch funktionierte, weil ich funktionieren wollte. Ein sehr extremes Gefühl, vor allem im Nachhinein, wenn ich die Wanderung Revue passieren lasse. Ich erkannte mich selbst nicht wieder, es war, als ob ich die ganze Zeit neben mir lief und mich und meinen Körper von außen beobachtete und einfach nicht mehr ich selbst war. Ich lief und lief und lief, ich machte das für die kleinen Riesen. Mein rechter Fuß war eh im Arsch, also konnte ich auch weiterlaufen. Wenn ich an der Stelle aufgegeben hätte, das wäre ja albern, dann wäre der Fuß ja völlig umsonst kaputt gegangen. Innerlich musste ich über diesen Gedanken schmunzeln, aber er brachte mich seelisch wieder etwas weiter. Ein Fuß vor den anderen!

Auf den nächsten Seiten wird es nun vielleicht etwas chaotisch. Ich habe noch die ganze Strecke im Kopf, weiß aber leider nicht mehr, welches Stück Strecke in Verbindung mit welchem Kilometer stand. Wir unterhielten uns nach dem Marsch aber mit Marion darüber, meine Schilderung kommt also ungefähr hin.

Nach dem Kurpark kamen wir in einen Wald und vor uns lagen wieder einmal Trampelpfade. An und für sich war das ja nichts Schlechtes, denn Waldwege waren ja super für die Gelenke und der Wald mit seinem Schatten tat auch richtig gut. Aber mein Problem lag in der Balance. Denn auf der einen Seite der Trampelpfade ging es steil bergab, zumindest kam es mir sehr steil vor und ich weiß noch, ich musste mich tierisch konzentrieren, damit ich auf dem Pfad blieb. Es ging immer leicht bergauf und bergab. Natürlich nicht *so* steil, aber ich hatte doch schon die ganze Nacht durchgemacht und bereits fast siebzig Kilometer in den Beinen. Später im Hotel erzählte mir Michael beim Abendessen, dass ich ihm auf diesem Teilstück immer fast weggerannt sei, wenn man noch von *Rennen* sprechen konnte. Ich hatte mich dort absolut unwohl gefühlt, weil ich echt Angst hatte, zur Seite runterzufallen. Auf den Trampelpfaden hatte ich auch meine Walkingstöcke nicht eingesetzt. Alles, an was ich denken konnte, war, mich zu konzentrieren. Es ging dann auch sehr gut.

Solche Wege gab es auch danach noch mal. Die Kilometer vergingen mit Michael wie im Flug und so kamen wir bei Kilometer neunundsechzig in Walporzheim beim nächsten Verpflegungspunkt an. In einem Weinkeller, darauf hatte ich mich den ganzen Tag bereits gefreut. Ich wusste, oder besser gesagt, ich ahnte, dass es dort ziemlich kühl sein würde.

In Walporzheim angekommen wartete Marion schon am Eingang auf uns. Ich weiß gar nicht, wie lange sie schon dort war, aber für sie war dort Schluss. Eine Entscheidung, die sie aus reiner Vernunft heraus getroffen hatte, und nicht, weil sie nicht mehr kämpfen wollte. Zwei Tage später würde sie wieder arbeiten müssen und befürchtete, dass sie dies nicht schaffte, wenn sie weiterwanderte. Nun wartete sie auf den Bus, der sie zurück nach Rheinbach fahren sollte. Sie hatte meinen vollen Respekt, weil sie so weit gewandert war. Wir waren bei Kilometer neunundsechzig und es war bis dorthin eine echt anstrengende Zeit gewesen. Das hört sich so leicht und locker an, aber ich empfehle jedem, der denkt, es sei einfach, dies wirklich mal selbst zu tun, sich also wirklich mal über fünfzig Kilometer hinaus auf Wanderschaft zu begeben.

Am Anfang hatte ich auch gedacht, es wäre einfach zu schaffen, und auch jetzt noch sage ich mir oft: „Hey, das ist ja gar nicht so viel." Und dennoch ist es eine Menge. Ich machte den Fehler und ging immer wieder von den zehn Kilometern aus. Zehn Kilometer walkte ich, wenn ich schnell war, in 1:38 oder 1:40 Stunden ... damit begann meine Rechnerei. Ich hatte diese Zeit mal zehn genommen, aber am Anfang nicht die Müdigkeit mit eingerechnet. Man walkte ja nicht konstant in ein und demselben Tempo. Mit der Zeit und im Laufe des Trainings war ich eines Besseren belehrt worden und meine Einstellung hatte sich etwas geändert. Marion konnte also wirklich stolz auf sich und ihr

Ergebnis sein – und so, wie ich sie kenne, war es nicht das letzte Mal, dass sie die hundert Kilometer in Angriff genommen hat.

Wir liefen mit ihr zusammen durch den Weinkeller. Es war ein unbeschreibliches Gefühl, im Vorjahr war ich nicht bis dorthin gekommen und darüber unendlich traurig gewesen. Es war tatsächlich etwas kühler als draußen. Es war zwar erst ungefähr zehn oder elf, aber die Sonne war schon ziemlich warm, und wenn ich daran dachte, dass ja eigentlich noch der ganze Tag vor uns läge, wurde mir etwas mulmig. Doch wir lagen weiter gut in der Zeit.

Marion verabschiedete sich von uns und musste leider in Rheinbach im Stadion auf uns warten, da ihr Zimmerschlüssel in unserem Auto lag. Ich war einfach nur unendlich dankbar, dass ich wieder eine Sitzgelegenheit hatte. Im dunklen Weinkeller einfach mal kurz die Augen schließen und die bisherigen Eindrücke sacken lassen zu können. Auch in dem Wissen, dass es ab da nicht mehr lange wäre. Bald stünde schon eine zwei vorne und wir hatten noch viel Zeit. Nach der kurzen Pause checkte ich mein Handy, ich hatte sehr viele Nachrichten von Freunden bekommen. Sie wünschten mir alle viel Glück und ich solle doch unbedingt durchhalten. Von einer lieben Freundin war sogar eine Sprachnachricht dabei. Nachdem ich diese abgehört hatte, liefen mir wieder die Tränen. Ich merkte, wie fertig ich war und dass ich wirklich an meine psychischen Grenzen kam. Es tat aber unendlich gut, zu heulen, alles kam raus, ich konnte gar nicht mehr aufhören. Es war eine Mischung aus Stolz und Verzweiflung. Stolz darüber, dass ich schon bei Kilometer neunundsechzig war, und Verzweiflung, dass es ja noch einunddreißig Kilometer bis ins Ziel wären. Auch wenn ich heute daran zurückdenke, könnte ich wieder heulen. Ich war damals an einem Punkt, an dem es mir echt schwerfiel, weiterzumachen, weil ich einfach so fertig war. Aber Aufgeben war noch immer keine Option für mich. Ich wollte so viel Geld für die kleinen Riesen sammeln, wie möglich, und so blieb mir nur das Weitermachen und ins Ziel einlaufen. Das Gefühl von damals ist im Nachhinein schwer zu beschreiben, ich denke, das kann vermutlich auch nur jemand nachvollziehen, der selbst schon einmal so eine Grenzerfahrung gemacht hat. Wirklich physisch und psychisch an die eigenen Grenzen zu gehen, davor haben viele Menschen doch Angst, aber das Glücksgefühl danach ist einfach umwerfend.

Uns gegenüber saßen zwei Männer und auch mit denen kamen wir wieder ins Gespräch. Das war auch eines dieser Phänomene, die man einfach mal erlebt haben muss: Wildfremde Menschen sprachen einem Mut zu, nicht aufzugeben, erzählten aber auch, wie sie sich selbst fühlten beziehungsweise im Jahr zuvor gefühlt hatten. Man kam sich durch diesen gemeinsamen Leidensweg einfach nah und fühlte miteinander und verstand, wie es dem Gegenüber ging. Es war einfach nur toll. Einer der Männer erzählte, dass im Vorjahr für ihn an dieser Stelle Schluss gewesen war, der andere hatte noch bis Kilometer achtzig durchgehalten und dann *aufgeben* müssen. Aber dieses Mal wollten auch sie es schaffen. Ja, ich glaube, *aufgeben* war in diesem Zusammenhang das richtige Wort. Auch wenn man etwas geschafft hatte, was ein Großteil der Bevölkerung nicht mal annähernd schaffen würde, fühlte man im Moment des Aufgebens keinen Stolz. Man war im ersten Moment einfach nur enttäuscht, weil man sein Ziel nicht erreicht hatte. Man hatte das Gefühl, sein Ziel aufgegeben zu haben. Auch da waren wir uns in den Gesprächen alle einig. Jeder, mit dem ich auf der Wanderung gesprochen hatte, sagte, dass man enttäuscht sei. Aber sobald man die Ereignisse verarbeitet habe und die ganzen Dinge im Nachhinein betrachtete, sei man dann doch unheimlich stolz auf seine erbrachte Leistung gewesen. Egal, wie weit man am Ende gewandert war.

Michael versorgte mich mit Energy-Riegeln, Cola und Wasser. Es war ihm auch so ziemlich egal, ob ich durstig oder hungrig war – ich musste alles, was er mir gab, essen und trinken, damit ich weiterhin noch genug Energie hatte. Dafür bin ich ihm im Nachhinein unheimlich dankbar, denn so wirklich Hunger hatte ich bei der ganzen Sache nicht und es wurde auch von Kilometer zu Kilometer immer schlimmer. Ich befand mich wie in einer Art Tunnel, auch zu dieser Zeit lief eigentlich alles an mir vorbei. Also tat ich einfach alles, was er mir sagte, zum Glück war er bei mir. Ich heulte übrigens immer noch, auch während des

Gesprächs mit den beiden Männern hatte ich die ganze Zeit über geheult. Ihr Tipp war dann auch, dass ich einfach auf meine Gefühle hören sollte. Wenn es wirklich nicht mehr ginge: aufhören! Und nicht aus Stolz weitermachen. Ha, das sagt sich so einfach. Ich wollte doch viel Geld für die kleinen Riesen sammeln und es denen zeigen, die an mir gezweifelt hatten. Und die Zweifler gab es, auch wenn es mir vorher niemand ins Gesicht gesagt hat, aber während verschiedener Unterhaltungen im Vorfeld hatte ich an der Gestik und Mimik meiner Gesprächspartner gemerkt, ob sie hinter mir standen oder nicht. Ich wollte ihnen zeigen, dass man seine Ziele erreichen konnte, wenn man nur *wollte*.

Meine Schuhe ließ ich lieber an, ich hatte Angst, dass ich nicht mehr reinkäme, wenn ich sie auszöge. Meinen Zeh mit der Blase spürte ich in dem Moment nicht mehr so stark, aber ich wusste, dass da was passiert war. So langsam machten wir uns wieder startbereit für die letzten einunddreißig Kilometer. Wir hatten noch knapp neun Stunden Zeit, das wäre schaffbar. Also marschierten wir wieder los. Unsere nächste Station lag in Mayschoss. So langsam stieg Angst in mir auf, da es ungefähr bei Kilometer achtzig einen Anstieg gäbe, denn bei Bonn waren wir ja bergab in Richtung Rhein gelaufen und irgendwann müssten wir wieder hoch zum Ziel. Vor diesem Anstieg hatte ich echt Respekt, da er ziemlich am Ende der Strecke lag, aber Michael holte mich in das Hier und Jetzt zurück und sagte, dass wir uns darüber Gedanken machen könnten, wenn es soweit wäre, und nicht schon Stunden vorher. Er hatte ja so recht, wie so oft an diesem Tag.

Also setzte ich wieder einen Fuß vor den anderen. Wir liefen zwischen den Bergen in ein Tal hinein, es folgte eine wunderschöne Strecke in den Weinbergen. Wir sahen alte Gebäude, ob Burgen oder Kloster, ich habe keine Ahnung und kann mich nur sehr bruchstückhaft daran erinnern. Ich weiß aber, dass ich es wunderschön fand und dachte, dass ich hier bestimmt auch mal Urlaub mit meinen Kindern machen wollen würde, wenn ich denn jemals wieder wandern gehen würde.

Erst da wurde mir langsam klar, dass wir durch die Wein*berge* hindurchwandern müssten. Ich fing wieder an, zu zweifeln, und die Tränen liefen mir einfach so das Gesicht herunter, auf diesen Anstieg war ich nicht mehr vorbereitet.

Wer schon mal in Weinbergen wandern war, weiß, dass die Wege darin sehr steil sein können, vor allem sind die Wege selten im Schatten und die Sonne brennt ziemlich. Ich war ein weiteres Mal froh, mein Tuch und eine Cappi zu haben.

Ich stellte überraschend fest, dass die Berge meinen Füßen guttaten. Sie taten weniger weh und es war total angenehm für die Beine und Füße, bergauf zu laufen. Und so komisch es sich auch anhören mag, aber ich kam bergauf noch mal so richtig in Schwung. Zumindest kam mir das so vor.

Vermutlich lief ich genauso langsam, wie vorher, oder wurde gar noch langsamer, aber da mir bergauf nichts mehr weh tat, hatte ich fast das Gefühl, zu fliegen. Außerdem stand am Anfang des Aufstiegs auf der Straße der Schriftzug *Never give up!*, auch das gab mir noch mal neue Kraft und ermutigte mich, weiterzumachen.

Immer wieder hatte ich mir gesagt, dass ich definitiv nicht aufgeben würde, da dies keine Option für mich wäre.

Mittlerweile sagte ich mir, wenn ich jetzt aufgäbe, müsste ich den ganzen Weg ja wieder zurücklaufen, das wäre ja viel weiter, als noch die knapp dreißig Kilometer einfach ins Ziel zu laufen.

Natürlich muss ich bei diesem Gedanken wieder grinsen, da ich ja keinesfalls die siebzig Kilometer zurücklaufen müsste, sondern entweder ein Taxi nähme oder den Bus – oder was auch immer, aber zurücklaufen würde ich bestimmt nicht. Die Angst vor dem nächsten großen, angekündigten Anstieg war nicht mehr da, denn ich merkte wie gut mir das bergauf laufen tat.

Wir wurden in den Weinbergen oft überholt, von Startern die morgens auf die fünfzig Kilometern gestartet waren. Man erkannte sie gut, da die hundert-Kilometer-Wanderer eine andere Startnummernfarbe hatten. Die anderen Wanderer sprachen mir Mut zu und ermutigten mich, nicht aufzugeben. Ich war etwas beruhigt, dass ich erst bei Kilometer fünfundsiebzig von einigen Wanderern der fünfzig-Kilometer-Strecke (bewusst) überholt wurde.

Es überholten uns bestimmt auch schon vorher einige Wanderer, aber die hatte ich nicht so wahrgenommen. Da war ich dann doch auch wieder etwas stolz auf mich, erst fünfundzwanzig Kilometer vor dem Ziel überholt zu werden. Daran sieht man gut das Auf und Ab meiner Gefühle:

Angst gefolgt von Stolz und wieder Unsicherheit, im Nachhinein eine einmalige Erfahrung, die ich nicht missen möchte. Dennoch brauchte ich Zeit, diese Gefühle zu verarbeiten und im Kopf zu sortieren.

Da ich keinen Rucksack mehr trug, sah man auch mein T-Shirt, auf dem ich Werbung für meinen Spendenlaufe machte. Ich wurde vermehrt angesprochen, wer denn die kleinen Riesen seien, und erzählte ihre Geschichte und die des Vereins. Das lenkte mich weiter von meinen Strapazen ab. Mittlerweile waren es echt starke und große Strapazen, aber die zwei stand schon vorne an der noch zu wandernden Strecke und ich hatte noch *alle Zeit der Welt*. Stetig in meinem Tempo weiterlaufend bekam ich ein schlechtes Gewissen, dass ich meinen Mann ausbremste. Er hätte schon längst viel weiter sein und theoretisch sogar fast schon am Ziel können. Er beteuert aber, dass es ihm nichts ausmache, er wollte mit mir wandern und mich *ziehen*, dass ich ins Ziel käme. So war es ja auch geplant gewesen, aber da hatte ich ja noch nicht geahnt, dass mein Kopf und meine Gedanken mir so große Probleme bereiten würden.

Wenn man einen Berg hinauf geht, so muss man ihn ja meistens auch wieder ein Stück bergab laufen. So war es auch diesmal, nur kam das Bergab nicht in Form eines Weges, sondern in Form von Steinstufen. Wobei ich gar nicht

mehr sagen kann, ob die Steinstufen erst einen Teil des

Weges nach unten gingen oder auch schon ein Stück bergauf verliefen. Das konnte ich aber auch schon abends im Hotel nicht mehr bestimmen.

Der Weg nach Mayschoss kam mir so unendlich lang vor. War ich vor dem Start sicher, ich wüsste genau, wie sich zehn Kilometer anfühlten, hatte ich nun jedes Zeitgefühl verloren.

Die Zweifel steigen wieder in mir auf. Klar war ich stolz auf das Geleistete, aber die Kilometer wurden gefühlt immer länger. Auch wenn ein Kilometer ein Kilometer war, aber es kam mir anders vor. Wir unterhielten uns zwischendurch immer wieder und kamen, wie sollte es anders sein, zum Thema Wein und Weingenuss, der Wein von 2018 musste einfach herrlich schmecken. Die Sonne brannte und wir mussten plötzlich beide lachen. Ich hatte an dem Tag alles, aber keine Lust darauf, Wein zu trinken.

Die Sonne brannte immer stärker. Es war höllisch warm. Michael reichte mir immer wieder die Wasserflasche und *befahl* mir regelrecht, zu trinken. Ohne ihn wäre ich wahrscheinlich total dehydriert. Ich bekam kaum etwas herunter. Deshalb trank ich in kleinen Schlückchen. Ich wusste, dass es *Gift* war, aber ich sehnte mich nach einer Cola, etwas mit Geschmack und vor allem Zucker.

Mein Körper lechzte danach und ich wusste, dass es immer schlimmer würde, deswegen hatte ich bis dahin auch nach der Cola immer mindestens einen Becher Wasser getrunken, damit der süße Geschmack im Mund verschwand. Und wieder war ich einfach unendlich dankbar, dass mein Mann bei mir war.

Endlich tauchte Mayschoss vor uns auf, aber der Verpflegungspunkt kam nicht in Sicht. Der Ort wirkte sehr idyllisch und ich fragte mich, wie ich mich als Anwohner fühlen würde, wenn hunderte von Menschen durch die eigenen Straßen wanderten. Noch ein Mal um eine Ecke und dann kam der Verpflegungspunkt in Sicht, aber wir mussten einen kleinen Umweg laufen, da wir wieder über einen Kontrollpunkt laufen mussten, die Organisatoren hatten ein oder zwei Kontrollpunkte auf der Strecke, da wurde der Chip auf der Teilnehmerkarte ausgelesen. Dies diente dazu um zu sehen, ob wirklich alle Teilnehmer noch da waren beziehungsweise mussten sich die Teilnehmer ja abmelden, wenn sie aussteigen wollten. Die Kontrollpunkte waren also wirklich für die Veranstalter da und zur Sicherheit der Wanderer.

Der Verpflegungspunkt lag auf dem Marktplatz und ich suchte mir sofort ein schattiges Plätzchen. Es gab Würstchen mit Brötchen. Leckere Frankfurter Würstchen; seit dieser Wanderung verbinde die Würstchen immer, wenn ich sie esse, mit den Gefühlen, die ich an diesem Tag hatte.

Zum Glück gibt es die bei uns nicht so oft, sonst wären meine Mahlzeiten oft sehr emotional. Auch meine ersehnte Cola bekam ich und erstaunlicherweise musste Michael mir sogar noch ein zweites Würstchen holen. Auf den Becher Cola folgten zwei Becher Wasser. Ich musste viel trinken, der Weg durch die Weinberge war echt hart gewesen. Mein Halstuch, das ich ja nicht mehr brauchte, wurde umfunktioniert. Michael machte es am Brunnen für mich nass und ich legte es mir auf meine Stirn und meinen Kopf.

So lag ich ein paar Minuten da, bis ich plötzlich Panik bekam. Ich musste auf die Toilette, das ist ja theoretisch kein Problem, wenn man aber schon gefühlte Zweimillionen Kilometer gewandert war und noch einige Kilometer vor sich hatte, war jeder Meter zusätzlich einfach nicht erwünscht. Worin lag also mein Problem? Genau, die Toilette befand sich am anderen Ende des Marktplatzes. Einmal quer drüber und bei der Feuerwehr aufs Gelände, da war schon die Toilette. Gerade aufgestanden und mit nur fünf Kilometern in den Beinen würde ich darüber lachen, aber ich war verzweifelt. Und wie das immer so ist, bei den Damen war vor der Toilette eine Schlange, also würde ich auch noch im Stehen warten müssen. Wenn ich also gemütlich auf Toilette gehen wollte, müsste ich wohl diese Extrameter auf mich nehmen, es half ja alles nichts. Zum Glück habe ich einen mitdenkenden Mann, der wartete an der Toilettentür auf mich, sodass wir von dort sofort weiterlaufen konnten und ich nicht mehr den ganzen Weg über den Marktplatz zurücklaufen musste. Der nächste Verpflegungspunkt käme in fünf Kilometern. Am Anfang der Tour hätte ich gesagt, okay, das sind knapp vierzig bis fünfundvierzig Minuten. Nun benötigten wir vermutlich schon eine Stunde oder länger, aber noch fünf Kilometer, dann wären wir schon bei Kilometer 82,5 und das Ziel zum Greifen nah.

Es war mittlerweile dreizehn oder vierzehn Uhr. Auch wenn ich immer mal wieder auf mein Handy schaute, ob ich Nachrichten hatte, die Uhrzeit spielte so gar keine Rolle. Michael munterte mich immer wieder auf und sagte, dass wir noch gut in der Zeit lägen. Als ich ein Mal erschreckend langsam geworden war, sagte er mir in einem ganz ruhigen Ton und ohne Panik zu verbreiten, dass ich dann doch wieder etwas schneller werden müsse. Aber wir waren in der Zeit und das war wichtig. Meine Schritte wurden immer langsamer, aber die Pausen taten gut. Sie brachten mir ein wenig Erholung, auch wenn diese nicht lange andauerte.

Bei Kilometer achtzig war ein Schild am Wegrand angebracht. Michael machte ein Foto von mir: Ab da waren es wirklich nicht mehr viele Kilometer. Aber es würden die längsten zwanzig Kilometer meines Lebens werden, soviel stand fest. Ich lief also weiter, Schritt für Schritt. Zwar unterhielt ich mich mit meinem Mann, aber aus dem *Tunnel* heraus.

Wenn ich heute so darüber nachdenke, ist dieser Teil des Weges kaum in meiner Erinnerung geblieben. Ich setzte einfach nur einen Fuß vor den anderen und hoffte, dass uns die Zeit nicht wegrannte und ich noch pünktlich im Ziel ankäme. Wieder wurden wir von einigen Mitwanderern überholt. Das blieb weiterhin das schlimmste Gefühl für mich, warum auch immer. Jetzt würde sich zeigen, wie stark ich mental war oder vielmehr wie sehr mein Mann mich noch aufmuntern konnte, nicht aufzugeben.

Ich machte mir wirklich viele Gedanken über die Mitwanderer, die uns überholten. Waren sie einfach *fitter* als ich, hatten sie mehr trainiert? Aber dann ging mein Blick sofort zur Startnummer und ich sah, dass sie eine andere Farbe hatten. Also liefen sie entweder fünfzig oder zwanzig Kilometer. Das wirkte wieder beruhigend, denn sie hatten definitiv nicht so viele Kilometer in den Beinen wie ich.

Der Weg, den wir dann liefen, war landschaftlich wieder sehr schön, aber leider asphaltiert. Zum Glück war das mit Turnschuhen nicht so schlimm, da die Turnschuhe etwas abdämpften. Wanderschuhe wären da doch etwas fester und wie ich ja im Jahr zuvor festgestellt hatte, fand ich

Wanderschuhe auf Asphalt nicht so sehr geeignet. Wir liefen in einem sehr schönen Tal, leider wusste ich aber, dass nach dem nächsten Verpflegungspunkt der *gefürchtete* Anstieg käme. Im Vorjahr war dieser *Berg* mein eigentliches Ziel gewesen, den wollte ich unbedingt schaffen, aber ich hatte ja bei Kilometer fünfzig abgebrochen. Nun stand er mir kurz bevor und ich war wahnsinnig stolz, es bis dorthin geschafft zu haben.

Die Landschaft flog wie in einem Traum an mir vorüber, der Tunnel, in dem ich mich befand, führte immer tiefer. Ich glaube, wäre mein Mann in dieser Situation nicht bei mir gewesen, wäre ich verrückt geworden. Durch Michaels Hilfe nahm ich zum Glück auch genug Wasser zu mir und genug Essen. Wenn ich allein gewandert wäre, hätte ich nicht so auf mich geachtet. Zumindest in der zweiten Hälfte nicht, in der Nacht war ich noch fitter gewesen und wacher, aber nun waren es keine zwanzig Kilometer mehr. Ich ging davon aus, dass ich es schaffen würde, die Frage war nur, in welcher Zeit. Schaffte ich es innerhalb der vierundzwanzig Stunden oder brauchte ich länger?

In dieser Phase des Marsches funktionierte ich nur noch, dennoch verloren wir zu keiner Zeit unseren Humor. Es waren zu diesem Zeitpunkt wirklich die kleinen Dinge, die mich haben weitermachen lassen. Ich ging immer wieder meine Motivation durch: meine Kinder, die kleinen Riesen, meine Zweifler, ich selbst.

Durch all diese Gedanken verflogen die Kilometer und wir waren schnell – wenn man hier noch von schnell reden konnte – am nächsten Verpflegungspunkt. An einem Bahnhof. Und ich müsste lügen, wenn ich jetzt nicht schriebe, dass ich nicht sofort daran gedacht hatte, in einen Zug zu steigen und mich zum Ziel fahren zu lassen. Aber dieser Gedanke war nur sehr kurz da, denn dann kam der zweite Gedanke und der flüsterte in meinem Kopf: „Du bist jetzt bei Kilometer zweiundachtzig! Es sind also nur noch achtzehn Kilometer bis ins Ziel, das sind nur noch knapp vier Stunden. Du bist zwar müde und langsamer als normal, aber es sind verdammt nochmal nur noch achtzehn Kilometer." Ich fühlte mich mittlerweile wirklich sehr, sehr müde und fertig, aber ja, es waren nur noch verdammte achtzehn Kilometer. Ein normaler Trainingsmarsch für mich.

Nachdem Michael mich wieder mit allem versorgt hatte, hatten wir an dieser Verpflegungsstation noch ein besonderes Erlebnis. Neben mir auf der Bank saß eine junge Frau. Sie hatte die Wanderung mit zwei Freunden begonnen, zumindest glaube ich, das so gehört zu haben. In der Zwischenzeit waren ihre Freunde entweder vor ihr oder hinter ihr oder schon ausgestiegen. Ich bekam leider nur die Sprachfetzen mit, von dem, was sie ihren Eltern erzählt hatte. Zumindest war sie an diesem Verpflegungspunkt allein unterwegs. Wobei sie *so* allein gar nicht war, denn sie hatte eine ganz wunderbare Familie um sich. Ihre Eltern und ihre Großeltern warteten von Anfang an an jedem Verpflegungspunkt auf sie. Ob es in der Nacht auch so gewesen war, weiß ich nicht mehr so genau, aber ab Kilometer fünfzig waren sie zu jedem Verpflegungspunkt gekommen, sprachen ihr Mut zu und waren einfach nur für sie da. Im Nachhinein finde ich diese Begegnung einfach nur toll. Sie war noch etwas fitter als ich, wenn auch sie zusehends ans Ende ihrer Kräfte kam. Wir trafen uns an den darauffolgenden Verpflegungspunkten immer wieder, lächelten uns zu und sprachen uns gegenseitig Mut zu. Ein Erlebnis, an das ich wirklich gern zurückdenke. Denn daran merkt man, dass hundert Kilometer einfach verbinden. Einfach nur toll.

Michael versorgte mich wieder mit Power-Riegeln und Joghurt, obwohl ich immer noch keinen richtigen Hunger hatte, aber ich zwängte das Essen in mich hinein, denn mein Kopf wusste ja, dass mein Körper Energie benötigte. Es musste auch schon so gegen vierzehn oder fünfzehn Uhr gewesen sein. Wir waren schon verdammt lange auf den Beinen. Es war Samstagnachmittag, ich war seit Freitagmorgen um sechs Uhr wach. Doch daran durfte ich nicht denken, sonst würde ich wirklich noch schlapp machen. Nach knapp fünfzehn Minuten Pause ging es für uns weiter. Michael hatte mir mein Tuch noch mal nass gemacht, dass tat gut und ich wurde etwas fitter dadurch. Der fiese Anstieg wartete auf uns.

Trotzdem mussten wir noch mal kurz schmunzeln. Bevor wir die Station verließen, liefen wir an einem Schild vorbei. Darauf zu sehen war der Super Mario-Pilz mit der Aufschrift *Tap here to power up.*

Ich habe das Schild schon vorher auf den Social Media-Kanälen gesehen. Beim New York Marathon hatte ein Fan mit diesem Schild die Läufer angefeuert.

Sehr geil und zu diesem Zeitpunkt genau das Richtige! Und es war so, wie bei manch anderen Sachen: Wenn man ganz fest dran glaubt, dann hilft es auch. Ich glaubte an die Power und das Schild half mir wirklich. Nun verließen wir aber endgültig den Bahnhof und der Gedanke an die bevorstehende Aufgabe war schon wieder verflogen.

Wir liefen ein Stück durch das schöne Städtchen und kamen dem Anstieg immer näher. Und ich kann euch sagen: Wenn man etwa drei Stunden durch ein Tal läuft und rechts und links nur Berge sieht, dann bekommt man wirklich Respekt, denn man weiß, dass man aus diesem Tal nur herauskommt, wenn man einen dieser Berge erklimmt. Okay, ich gebe zu, wir waren nicht in den Alpen, aber auch so ein *kleiner* Anstieg kann einem schon mal das Genick brechen. Mein gedanklich größter Vorteil war, dass wir bei uns in der Gegend zum Glück auch Anstiege hatten. Zwar auch keine Alpen, aber eben Anstiege, an denen man schon Tempo und Berge üben konnte. Ich wusste also, dass ich *Berge konnte*.

Zu Hause hatte ich nur immer mein Handy dabei, da hatte ich doch eine Playlist zusammengestellt mit Motivationsliedern. Leider hatte mein Handy zu diesem Zeitpunkt schon keinen Akku mehr, da das Kabel irgendwie Schrott war und die Powerbank nicht wirklich was gebracht hatte. Die Musik hatte mir zu Hause bei den Anstiegen immer geholfen. Auch Singen war zu diesem Zeitpunkt keine Option mehr, da ich echt schon sehr, sehr müde war und meine Stimme im müden Zustand nicht die Schönste ist. Also sang ich im Kopf die Lieder, die mir zu Hause auch immer geholfen hatten. Leider ist es ja oft so mit der Technik, dass sie uns zu Zeiten, in denen wir sie am meisten brauchen, gerne einen Strich durch die Rechnung macht.

Ich war natürlich langsamer als zu Hause. Ich konnte versuchen, mir das schön zu reden. Wie zum Beispiel, dass mir die Musik fehlte, ich einfach zu müde war oder ich ja auch schon fast neunzig Kilometer in den Beinen hatte, aber was nutzten mir die *Ausreden*. Langsam war langsam.

Trotzdem war es angenehm, am Berg zu laufen. Ich lief wieder getreu meinem Motto: Augen zu und durch. Einfach Schritt für Schritt immer weiter den Berg nach oben. Mit Michaels Spruch im Ohr: Man müsse oben genauso fit ankommen, wie man unten losgelaufen sei. Ja, verdammt, er hatte ja so recht. Aber was soll ich sagen, ich konnte ja gar nicht mehr *schnell*, also achtete ich nur darauf, in meinem langsamen Tempo weiterzulaufen. Für die Beine durch die vollkommen andere Belastungsart eine reine Wohltat. Und obwohl ich mich wieder einigermaßen gut fühlte, musste ich zwischendurch immer mal wieder anhalten. Michael gab mir dann immer die Flasche, damit ich genug Wasser trank.

Die körperliche Anstrengung spürte ich in jeder Faser meines Körpers. Die Füße taten mir ja schon lange weh. Ich wusste auch, dass sich an dem einen Nagel irgendwas getan hatte, aber ich traute mich einfach nicht mehr, nachzuschauen. Meine Füße waren echt schon richtig dick. Was aber noch schlimmer war: Ich konnte mich nicht mehr nach vorne beugen. Meine Hüfte schmerzte wirklich so stark, dass ich den Oberkörper nicht mehr parallel zum Boden führen konnte. Eine der einfachsten Übungen für mich, eigentlich, aber es ging nichts mehr. Ich musste es aber versuchen, damit ich wieder besser laufen konnte. Zum Glück hatte ich meine Walkingstöcke dabei und konnte mich auf diesen abstützen. Das war echt super. Es ging immer weiter, Schritt für Schritt. Und *plötzlich*, wie aus heiterem

Himmel, kamen mir wieder die Tränen. Die ganzen positiven Gedanken waren auf einmal wie weggeblasen und ich wollte kein Stück mehr weitergehen; ich konnte nicht mehr. Ich wollte mich am liebsten wie ein kleines Kind auf den Boden werfen und einfach liegen bleiben, mit Händen und Füßen auf den Boden trommelnd. Mittlerweile kann ich wieder darüber lachen, aber damals war das der Moment gewesen, an dem ich meine psychische Grenze überschritten hatte.

Michael zog mich mit Worten den Berg hinauf und natürlich ging ich weiter, aber mein Kopf sagte mir ständig, dass ich ganz schön bescheuert sei und doch einfach nur mit dem Laufen aufhören müsse, dann sei alles vorbei. Es ist schon verrückt, was solche extremen Anstrengungen mit dem Körper und vor allem mit dem Geist anstellen. So etwas habe ich davor und auch danach nie wieder so extrem gespürt, aber ich bin daran auch extrem gewachsen. Zu dieser Zeit war das Wandern wie eine Gedankenspirale. Körper und Geist funktionierten eigentlich gar nicht mehr. Der Berg war auf seine Art genau das Richtige, was ich in dem Moment brauchte. Ich fand ihn sogar erholsam und ein Positives für den Geist hatte er auch noch, denn ich glaube, an diesem Berg andere überholt zu haben. Vielleicht stimmt meine Erinnerung auch nicht, weil ich die ganze Zeit in meinem Tunnel lief.

Jedem Mitwanderer, den wir überholten, gab ich ein paar nette Worte mit auf den Weg und wenn es nur ein

„Komm schon, den Rest schaffen wir auch noch, die eins steht schon vorne. Zurücklaufen wäre jetzt noch viel schwieriger" gewesen war. Ich wusste, den Rest würde ich auch noch schaffen. Ich machte zwar oft Pause, gefühlt alle fünf Meter, aber ich war immer noch in der Zeit und die Hauptsache war es, innerhalb der vierundzwanzig Stunden anzukommen. Die Spirale drehte sich immer weiter, trotz der aufmunternden Worte, die ich für andere Wanderer übrig hatte, zweifelte ich zwischendurch an meinem Vorhaben und hielt mich für bescheuert, es war ein ständiges hin und her zwischen: „Ich schaffe es" und „Ich gebe auf". Nicht nur die körperliche Anstrengung machte sich bemerkbar, sondern eben auch die verdammte Müdigkeit. Erinnert ihr euch noch an den Anfang? Es war jetzt Samstagnachmittag gegen drei oder vier Uhr. Ich war also seit etwa vierunddreißig Stunden am Stück wach und zudem achtzig Kilometer gewandert. Echt bescheuert, aber ich kann euch jetzt schon verraten: Irgendwann werde ich diese hundert Kilometer noch mal wandern. Auch wenn ich im Ziel und in den Stunden danach das Gegenteil behauptete, dazu aber später mehr. Wir waren also ungefähr zwischen Kilometer achtzig und neunzig und wenn ich Michael nicht gehabt hätte, hätte ich bestimmt schon halluziniert und wäre verrückt geworden, da ich ohne ihn vermutlich weder Nahrung noch Getränke zu mir genommen hätte.

Wenn ich diese ganzen letzten zwanzig Kilometer so Revue passieren lasse, fällt mir ein, dass ich zu diesem

Zeitpunkt wohl auch oft mit mir selbst sprach. Oder bildete ich mir das vielleicht auch nur ein? Ich weiß noch, dass ich mir immer wieder sagte, dass ich diese Wanderung einerseits für mich selbst machte, andererseits aber eben auch für die kleinen Riesen. Ich sprach also mit mir selbst, immer und immer wieder, und auch heute sehe ich noch bestimmte Wege vor mir, auch wenn ich mich in meinem *Tunnel* befand. Es ist, als würde ich sie jetzt beim Schreiben wieder abgehen. Den Berg nach oben, im Wald, endlich im Schatten, raus aus den Weinbergen und immer vor Augen, dass es bis zum Ziel nicht mehr weit ist. Und trotzdem kurz vor dem Aufgeben. Ich glaube, hätte zu diesem Zeitpunkt ein Auto neben mir gehalten und der Fahrer mir das Angebot gemacht, mich mitzunehmen, ich weiß nicht, ob ich hätte widerstehen können. Zum Glück war das aber nicht passiert, somit konnte ich einfach weitermarschieren. Es war schon ein seltsames Gefühl. Mein Körper schrie *Stopp* und wollte nicht mehr weiter und ich reagierte komplett gegenteilig.

Ich fragte bestimmt mindestens alle zehn Minuten, wie spät es war – und vergaß es sofort wieder. Rückblickend konnte ich aufgrund meiner Zielzeit, dem Wissen, dass es noch knapp fünfzehn bis zwanzig Kilometer waren, und meinem Tempo die Zeit errechnen. Es wird zwischen eins und drei gewesen sein. Und dann sah ich endlich den nächsten Verpflegungspunkt, ich wusste also, dass ich meinem Ziel wieder ein Stück näher war. Daran erinnere ich mich noch, als ob es gestern gewesen wäre. Ein kleiner weißer Pavillon war aufgebaut worden und darunter standen die Helfer. Es gab Bierbänke, auf die man sich setzen konnte, und es waren auch wieder Sanitäter des Roten Kreuzes vor Ort. Ich setzte mich neben die Sanitäter in den Schatten.

An dieser Stelle möchte ich ein Dankeschön dazwischenwerfen. Ein Dankeschön an all die tollen Helfer. Sei es der Mountainbike-Club, der abends die Strecke auf den ersten Kilometern begleitet hatte, dass keiner vom Weg abkam, oder die ganzen Sanitäter, die wirklich an jeder Verpflegungsstation vertreten waren. Vielen, vielen Dank! Auch für die lieben Worte der Unterstützung. Mein größter Dank geht aber an die vielen freiwilligen Helfer an den Stationen. Es gab immer frisches Obst et cetera. Selbst in der Nacht habt ihr uns mit freundlichen Worten empfangen und zum Durchhalten angefeuert.

Nun aber zurück zu diesem Verpflegungspunkt, ich saß also im Schatten und hatte mich sehr schnell für eine Bank entschieden, denn es gab auch Liegestühle und glaubt mir, wenn ich die gewählt hätte, ich wäre definitiv nicht mehr hochgekommen. Michael versorgte mich wieder mit Getränken und Obst und an dieser Station gab es sogar Süßigkeiten. Gummitierchen und anderes Zeug, so lecker fand ich Gummibärchen noch nie, wie an diesem Tag. Eine Geschmacksexplosion ohnegleichen. Mein Körper freute sich noch nie so sehr auf Zucker, wie an diesem Tag. Also auf so *ekligen* Zucker, denn es gab natürlich auch wieder Bananen, aber so viel Hunger hatte ich gar nicht. Dennoch aß ich eine, wenn auch nur unter Michaels Druck. Aber die Gummibärchen hätte ich am liebsten gelutscht und mir genüsslich auf der Zunge zergehen lassen. Und ja, ich wusste kognitiv, dass ich essen musste, weil mein Körper das gerade nach einer solch extremen Anstrengung brauchte. Aber kennt ihr nicht auch das Gefühl, dass ihr nach so einer harten Anstrengung eigentlich gar nichts essen könnt? Nein? Ich *eigentlich* auch nicht, aber während meiner Vorbereitungen hatte ich das während meiner vier-Stunden-Wanderungen und länger auch öfter. Irgendwann konnte ich einfach nichts mehr essen. Mein Bauch war total aufgebläht, ich bekam einfach kein Essen mehr runter. Michael machte wiederholt mein Kopftuch nass. Zum Glück gab es an jeder Station genügend Wasser. Unsere Flaschen füllten wir auch wieder auf. Kurz noch die Beine ausgeschüttelt und weiter ging es. Weiter in Richtung Ziel, die neunzig-Kilometer-Marke war nicht mehr weit. Doch gefühlt wurden die Kilometer von Minute zu Minute immer länger. Klar waren auch tausend Meter tausend Meter; aber nicht mehr nach knapp neunzig Kilometern, da fühlten sich tausend Meter plötzlich doppelt so lang an, wenn nicht noch nach mehr. Wir mussten noch mal durch ein kleines Waldstück und da war meine Verzweiflung plötzlich wieder riesengroß. Es ging wieder bergab. Keine Kilometer weit, aber kleine Hügel runter und wieder rauf. Mir liefen wieder Tränen, ich benahm mich langsam wie ein bockiges Kind. Eine lustige Geschichte aus der Vergangenheit kam mir auf diesen Metern in den Sinn: Wir waren jahrelang gemeinsam mit der Familie meiner Tante im Skiurlaub gewesen. Und wie es in den Bergen eben manchmal so ist, kann schönstes Wetter sein, aber auch eben manchmal total bescheidenes Wetter. Wie auch immer, Ski fahren ist einfach anstrengend und wenn man den ganzen Vormittag schon unterwegs gewesen ist, dann kann man als Kind auch schon mal bockig werden. Und meine kleine Cousine *wurde* bockig. Sie setzte sich nämlich einfach mitten auf die Piste und schrie, dass sie sofort und auf der Stelle eine Backerbsensuppe wolle. Das ist natürlich echt zum Schmunzeln und Lachen …, aber soll ich euch was sagen? Genau so habe ich mich zu diesem Zeitpunkt gefühlt. Ich hätte mich am liebsten auf den Boden gesetzt und nach einer Backerbsensuppte geschrien.

Mental war ich am Boden und hatte kaum noch Kraft, aber ihr merkt schon, ich machte noch immer Späßchen. Ob es Galgenhumor war oder ich langsam schon über diesen Punkt drüber war, kann ich echt nicht mehr sagen, aber mit solchen Geschichten und durch das Lachen habe ich mich wieder aus dem Tal und meinem Tunnel nach oben gearbeitet. Auch die ständige Frage meiner Kinder auf Reisen: „Mama, wie weit ist es denn noch?" kam mir in den Sinn. Und ja, verdammt es war nicht mehr weit, denn nach dem Wald kamen wir in eine Ortschaft und kurz hinter dem

Ortsschild befand sich die neunzig-Kilometer-Marke. Natürlich musste dort schnell ein Foto gemacht werden, das würde mir ja sonst *keiner* glauben.

Und *Schwupps* waren wir auch schon fast im einstelligen Kilometerbereich. Verdammte zehn Kilometer noch, die hatte ich im Training so oft absolviert und trotzdem kamen sie mir plötzlich so unbezwingbar vor.

Allerdings war bei Kilometer neunzig Aufgeben nun wirklich keine Option mehr, denn wenn nichts Schlimmes mehr passierte, wäre ich bald im Ziel.

Als wir durch den Ort liefen, kamen wir an Einheimischen vorbei, die uns freundlich grüßten und uns Mut zusprachen. Eine Frau meinte, der nächste Verpflegungspunkt sei nicht mehr weit, wir müssten es nur noch bis zur Feuerwehr schaffen. Das konnte ja nicht mehr allzu weit sein, so groß schien der Ort nämlich nicht. Innerlich freute ich mich schon sehr auf diese Pause: wieder setzen oder sogar mal auf den Boden legen und die Füße hochlegen, damit sie wenigstens für eine kurze Zeit etwas abschwollen.

Für meinen Kopf war es ziemlich toll, dass die Stationen nun so dicht beieinander lagen. Es kam mir nämlich so vor, als ob die letzte Station schon wieder mindestens zehn bis fünfzehn Kilometer hinter mir läge. Ich sagte mir immer wieder: „Annika, du machst das für die Kinder. Du schaffst das." Und da war auch schon die Feuerwehr. Die Helfer, die davor saßen, munterten uns ebenfalls auf und wir machten gemeinsam Witze. Ich glaube, ich machte eine bissige Bemerkung zu Michael, und darüber machten sich die Helfer lustig. Und an der Stelle fiel mir das erste Mal an diesem Tag ein, dass es ja unser elfter Hochzeitstag war. Total romantisch …, andere gingen schick essen oder machten einen Tag Wellness, wir wanderten zusammen und das ja nicht gerade wenig, denn auch, wenn Michael mich erst ungefähr bei Kilometer fünfundsechzig eingeholt hatte: Dennoch war er die ganze Zeit über bei mir und für mich dagewesen! Abends hatte er mir Nachrichten geschickt und mich angefeuert. Ich musste ihn immer wieder auffordern, doch endlich zu schlafen, damit er am anderen Tag nicht verschliefe und auch wirklich pünktlich am Bus wäre. Denn die größte Angst, die ich vermutlich hatte, war, dass er den Bus verpassen und mich beim Wandern nicht einholen würde. Und ich am Ende allein weiterwandern müsste. Albern, aber über so was machte ich mir echt Gedanken.

An diesem Verpflegungspunkt gab es wieder etwas Neues für die Geschmacksnerven. Es gab Gurke und Melone. Ich wusste gar nicht, wie gut Gurken und Melone schmecken können. Eine wirkliche Geschmacksexplosion, die da in meinem Mund geschah. Im Feuerwehrgerätehaus beziehungsweise im Gebäude daneben legte ich mich erst einmal auf den Boden. Meine Füße legte ich erhöht auf einen Stuhl. So lag ich einfach da und wieder kamen mir die Tränen. Michael war gerade mal auf die Toilette verschwunden und ich lag einfach nur da und heulte. Ich konnte gar nicht mehr aufhören. Mittlerweile weiß ich, dass die Tränen nicht nur vor Erschöpfung geflossen sind, sondern auch vor Stolz und etwas Erleichterung. Die Erschöpfung überwog natürlich, aber der Stolz, es so weit geschafft zu haben, war natürlich einfach da, wie auch die Erleichterung, dass die Wanderung bald vorüber wäre. Gut, die Frischeste war ich nicht mehr, aber es sollte dennoch gut klappen mit der Zielzeit.

Während ich so dalag, musste ich einfach erbärmlich ausgesehen haben, denn eine der super netten Helferinnen kam zu mir und fragte mich, ob alles okay sei oder ob ich Hilfe bräuchte. Durch ihre Zuwendung bekam ich wieder ein bisschen Kraft. Als Michael von der Toilette kam, brachte er mir noch mehr Gurke und Wasser mit, ließ mich aber auch noch einen Moment liegen. Er wusste immer genau, wann der richtige Moment war, weiterzugehen. Es waren nur noch verdammte zehn Kilometer. Ich sah auf die Uhr, es war mittlerweile siebzehn Uhr ..., verdammt war ich langsam geworden. Aber ich hätte für die letzten zehn Kilometer noch drei Stunden Zeit, dass wäre theoretisch zu schaffen.

Nachdem wir wieder losgewandert waren, spielte sich in meinem Kopf immer und immer wieder das Gleiche ab. Ich fragte mich immer und immer wieder, ob ich mehr hätte trainieren müssen. Wie hätte ich mich besser auf diese hundert Kilometer vorbereiten können? Ich kam aber auch immer wieder zu dem gleichen Ergebnis: Als Mutter von vier Kindern hatte ich nicht nur sie zu versorgen, sondern arbeitete auch noch selbstständig und wir wollten am Wochenende auch hin und wieder mal Familienzeit zusammen haben. Ich war, so oft es ging, im letzten Jahr gewalkt, hatte auch an dem einen oder anderen Wochenende größere Wanderungen gemacht und sogar eine Nachtwanderung. Mehr war zeitlich einfach nicht drin gewesen, denn ich konnte mir nicht eben mal so zwölf Stunden Zeit für eine Wanderung einrichten. Also blieb mein Fazit: Klar hatte ich mich gut vorbereitet, so gut es eben gegangen war, aber ich merkte auch, dass vierzig Kilometer zu wandern nicht dasselbe war wie diese verdammten neunzig Kilometer. Die junge Frau, die wir an der Bahnhofsstation mit ihren Eltern getroffen hatten, trafen wir übrigens auch noch an der Feuerwehrstation. Sie wanderte wirklich allein und wusste aber, dass ihre Eltern und Großeltern an den Verpflegungspunkten auf sie warteten. Dennoch zog ich meinen Hut vor ihr. Wir lächelten uns kurz zu, als wir weitergingen.

Wir liefen, glaube ich, wieder in einem Wald, denn es war sehr schattig. Wir überholten einen Mann, den wir die letzten fünfzehn Kilometer über immer wieder mal überholt hatten. Wir unterhielten uns und er erzählte, dass er gar keine Pausen mehr machte und eigentlich immer weiterliefe, da er im Tritt bleiben müsse, weil er Angst habe, dass er es sonst nicht mehr schaffe, wieder loszulaufen. Von mir kam leider nur ein klägliches: „Komm es sind nur noch zehn Kilometer, die schaffen wir auch noch." Irgendwie fühlte es sich nicht sehr aufmunternd an, ich war eben selbst am Ende meiner Kräfte. Und so gern ich andere Mitwanderer mitgezogen hätte, musste ich mir langsam eingestehen, dass es Zeit war, mich nur noch um mich selbst zu kümmern.

Ich wusste, dass nach fünf Kilometern noch ein Verpflegungspunkt käme. Gefühlt dauerte es Stunden, bis wir endlich bei ihm waren.

Ich konnte auch absolut nichts mehr essen, ich wollte nur noch ins Ziel kommen. Aber ich genoss, dass auch dort wieder Bänke standen und ich mich kurz hinsetzen konnte. Wir waren mitten im Wald, es ist ein sehr warmer Tag und im Grunde war ich dafür total dankbar, denn lieber bei Wärme wandern, als dass es ununterbrochen regnete. Es waren *nur* noch fünf Kilometer bis ins Ziel, verdammte fünf Kilometer!

Ich sagte mir immer wieder, dass ich es für die kleinen Riesen machte, deren Arbeit so wichtig war und vielen Familien einfach half, dass letzte Monate oder Wochen im Leben so angenehm wie möglich für die Familien wurden. Damit die Kinder zu Hause in ihrer gewohnten Umgebung sein konnten und nicht im Krankenhaus bleiben mussten. Ich würde diese verflixten fünf Kilometer schaffen.

Ich fluchte zu der Zeit schon sehr oft und sagte zu Michael, dass das alles eine ziemlich bescheuerte Idee gewesen sei und ich nie wieder in meinem Leben hundert Kilometer laufen würde. Nie wieder! Zu diesem Zeitpunkt war ich bereits mehr als müde und kaputt. Erschöpft, ohne Zeitgefühl, und einfach nur noch ins Ziel wollend lief ich Schritt für Schritt weiter. Uns kamen Menschen entgegen, die uns sagten, dass es nicht mehr weit sei. Hundert Meter kamen mir vor wie fünfhundert Meter. Zwei junge Männer kamen uns entgegen, sie wollten jemandem entgegenlaufen und dieser Person dabei helfen, die letzten Kilometer zu überstehen. Ja, ja dachte ich mir da. *Nicht mehr weit* sei reine Definitionssache. Es waren für mich noch verdammte fünf beziehungsweise vier Kilometer.

Noch waren wir im Wald, aber der nächste Ort, den wir erreichen würden, wäre schon Rheinbach, dennoch fehlte mir die absolute Orientierung. Zum Glück war Michael bei mir, er hatte mir bereits alles abgenommen, was ich bei mir trug. Ich hatte nur noch meine Walkingsstöcke zu tragen, die ich aber auch wirklich zum Wandern brauchte. Alles andere trug er. Er wanderte ja auch *nur* die fünfzig Kilometer. Wenn ich an die fünfzig-Kilometer-Marke bei Remagen zurückdachte …, da war ich auch noch fit gewesen. Da war es mir echt noch gut gegangen.

Ich fing an, meine Schritte zu zählen, da mir die Meter so lang vorkamen. Ich konnte leider nicht mehr ganz so große Schritte machen, wie am Abend zuvor. Es war wohl nicht mehr ganz ein Meter pro Schritt. Nach dreihundert Schritten gab ich entmutigt auf. Es waren noch nicht mal dreihundert Meter gewesen und die dauerten einfach eine

Ewigkeit. Ich musste mich irgendwie ablenken. Ich wollte doch einfach nur im Ziel ankommen. Und schon waren wir in Rheinbach. Doch meine Verzweiflung wurde immer größer und ich wollte wirklich nur noch heulen. Wie lang zur Hölle konnten fünf Kilometer denn sein?!

Schritt für Schritt ging es weiter. Wir liefen durch die Straßen von Rheinbach. Wir mussten an einem anderen Ende von Rheinbach gewesen sein, denn diese Straßen kannte ich nicht. Abends zuvor zu Beginn der Strecke kannte ich mich noch aus, das war schön gewesen. Ich merkte wieder, dass ich es schöner fand, wenn ich Strecken, die ich wanderte, bereits kannte. Einfach weil ich dann wusste, wie weit es noch war. Da wusste ich nur, ich war schon in Rheinbach und irgendwo musste dieses verdammte Stadion zwar sein, aber ich hörte nichts und zu sehen war es auch noch nicht. An jeder Straßenecke, an der wir abbiegen mussten, betete ich, dass das Stadion endlich in Sicht käme, aber Michael sagte mir, dass es noch etwa zweieinhalb Kilometer wären. Zweieinhalb Kilometer! Wollte er mich verarschen? Das konnte doch gar nicht sein! Ich war doch mindestens schon vier Kilometer in den letzten zwei Stunden gelaufen. Oder wie lange lag der letzte Verpflegungspunkt bereits zurück? Wie spät war es eigentlich? Er wollte es mir nicht sagen, und dann kam auch schon der nächste Pfeil, die nächste Straßenecke. Aber wir sahen das Stadion immer noch nicht. Ich hätte nie gedacht, jemals eine solche Verzweiflung zu spüren zu bekommen.

Ich sage euch: Wenn ich es nicht besser gewusst hätte, hätte ich geschworen, dass die die Strecke länger gemacht hatten, nicht nur hundert Kilometer lang, sondern hunderundzehn Kilometer. Selbst hundert Meter kamen mir vor wie ein Kilometer. Mir war gar nicht klar gewesen, wie groß Rheinbach war, so viele Straßenecken, wie wir in den letzten fünf Minuten genommen hatten, müssten wir eigentlich im Kreis gelaufen sein. Meine Gedanken spielten eindeutig verrückt. Und wieder kam eine Straßenecke – wenn danach nicht das Stadion in Sicht käme, träte ich in den Sitzstreik.

Nein, Spaß beiseite, aber mir kam eine Geschichte in Erinnerung, die sich ereignet hatte, als ich damals mit meinem Vater das erste Mal wandern gewesen war. Wir waren im Zillertal, ich muss etwa vierzehn Jahre alt gewesen sein und wir wollten zu einer Hütte wandern. Die ersten zwei Stunden ging es gemütlich geradeaus an einem Stausee entlang. Dann, nach zwei Stunden, kamen wir an einen kleinen Platz, auf dem eine Hütte stand. Dort konnte man etwas essen und sich hinsetzen. Es war aber nicht die Hütte, zu der wir eigentlich wollten, denn zu der Hütte müssten wir noch einen Berg nach oben laufen. Okay, dachte ich mir damals, dass kann schon nicht so schwer werden, da dort sehr viele Wanderer unterwegs waren. Nach einer weiteren Stunde waren wir immer noch nicht an der Hütte. Es kann natürlich sein, dass die Zeitangaben rückblickend nicht hundert Prozent richtig sind. Damals war ich vierzehn, hatte noch weniger ein Zeitgefühl als auf den hundert Kilometern und ich muss zugeben, ich steckte natürlich mitten in der Pubertät. Mein Vater meinte dann zu mir, wenn wir die nächste Kurve erreichten, dann sähen wir die Hütte. Dies sagte er ganze sechs oder sieben Mal, danach glaubte ich ihm kein Wort mehr. Natürlich lache ich heute darüber, damals fand ich das Ganze aber nicht so witzig. Genau wie bei der Wanderung. Wir passierten wirklich gefühlt zehntausend Straßenecken und änderten unsere Richtung, nur das heißersehnte Stadion kam einfach nicht in Sicht. An der nächsten Ecke zeigte ein Pfeil nach rechts, das Stadion war natürlich immer noch nicht zu sehen, aber hörte ich da nicht etwas? Wurde da nicht über Lautsprecher irgendwas gesprochen? Oder war das alles nur Einbildung, weil ich langsam echt anfing, zu halluzinieren. Und dann kam auch noch ein Park. Ich dachte: „Euer Ernst? Ich will endlich in dieses verdammte Stadion und ihr schickt mich in einen Park?" Michael sagte dann, dass der letzte Kilometer anbrach.

Ich hätte wohl froh sein sollen, aber ich dachte nur: „WAS?" Es waren noch tausend Meter, verfluchte tausend Meter. Eigentlich gar nicht mehr so lang. Doch Moment mal, den Park kannte ich doch, oder? Dort waren wir doch am Tag zuvor auch langgelaufen, als wir vom Stadion aus aufgebrochen waren. So langsam kam anscheinend meine Orientierung zurück. Wir hatten nur am Abend zuvor einen anderen Ausgang aus dem Park genommen. Das hieß tatsächlich: Das Stadion war in greifbarer Nähe. Seltsamerweise hatte ich das Gefühl, ab da schneller zu werden. Nun, wo das Ziel so nah war, wollte ich so schnell wie möglich ins Stadion und mich dort einfach nur noch auf die Wiese legen. Es gab noch zwei Linkskurven und wir verließen den Park. Das Stadion lag zu unserer linken Seite, wir waren auf dem Parkplatz und liefen ins Stadion ein.

Es war wie in einem Traum. Es waren noch wahnsinnig viele Leute im Stadion. Auf der Aschebahn angekommen wurden wir auch schon begrüßt, alle applaudierten für uns, ein Wahnsinnsgefühl! Es waren entweder Mitwanderer oder deren Angehörige. Meine ganzen Strapazen waren plötzlich wie weggeblasen. Hatte das nicht bei Kilometer fünfundsechzig ein Mann zu mir gesagt? „Wenn du nachher im Stadion ankommst, wirst du alle Flüche, die du während der Wanderung ausgesprochen hast, vergessen und einfach nur glücklich sein." Und was soll ich sagen? Es war wirklich so! Ich war *so* dermaßen fertig, dass ich das Gefühl hatte, ich liefe neben mir her und sähe einfach einen Film. Michael und ich liefen Hand in Hand durchs Ziel und ich läutete die Glocke. Ich war unglaublich glücklich und stolz. Meine Erschöpfung spürte ich nicht mehr. Mir liefen Tränen übers Gesicht. Wahnsinn, ich hatte es wirklich geschafft! Der Moderator am Mikrofon fragte mich, ob ich *heulen* oder *heulen* wollte. Na, *heulen* natürlich.

Eigentlich wollte ich mich bei allen Organisatoren und Helfern einzeln bedanken. Sie hatten einfach zusammen

Tolles geleistet. Aber ich vergaß das alles. Ich wurde von meinen Gefühlen überwältigt und fiel nur noch Michael in die Arme. Ohne ihn hätte ich die letzten fünfunddreißig Kilometer ehrlich nicht geschafft. Er zog mich mit und motivierte mich. Meine Gefühle ließen sich nicht wirklich in Worte fassen.

Michael verpasste seine Zeit von zwölf Stunden für die fünfzig Kilometer leider um sage und schreibe fünf Minuten. Natürlich bekam er trotzdem eine Urkunde und eine Finisher-Medaille. Er bekam auch eine Flasche Wein. Trotzdem fühlte ich mich schlecht, weil er es ja nur meinetwegen nicht geschafft hatte. Er war die ganze Zeit über nur für mich dagewesen. Ich sagte ihm auf den letzten Metern, dass er schneller gehen solle, aber er wollte nicht. Es war *mein* Marsch und er setzte alles daran, dass ich es schaffte.Also müssen wir die fünfzig Kilometer definitiv irgendwann nochmal wandern. Fünfzig Kilometer in zwölf Stunden …, mittlerweile wusste ich: Das war machbar!

Wenn wir gut vorbereitet wären, schafften wir diese auch in gut neun Stunden, zumindest war das Marions und meine Zeit gewesen für die erste Hälfte der hundert Kilometer. Apropos Marion, die kam nun auf uns zugelaufen. Sie hatte ja bei Kilometer siebzig oder so aufgegeben und musste die ganze Zeit im Stadion auf uns warten. Sie gratulierte mir und wir waren beide stolz auf das, was wir in den letzten vierundzwanzig Stunden geleistet hatten.

Es war da viertel nach sieben, ich hatte dreiundzwanzig Stunden und zehn Minuten für meine hundert Kilometer benötigt. Direkt im Ziel sagte ich zu Michael und Marion, dass ich nie wieder hundert Kilometer laufen würde, doch bereits einen Tag später sollte ich eines Besseren belehrt werden. Ich schlich noch ein Stück weiter, denn von *Gehen* konnte keine Rede mehr sein.

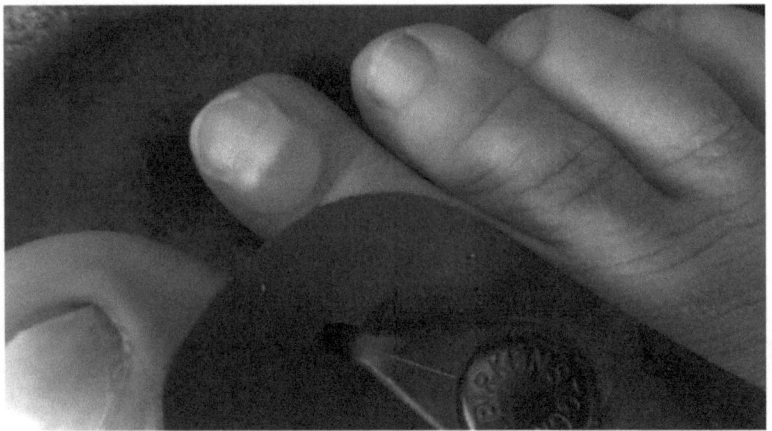

Ich setzte mich auf die Strohballen, die auf dem Rasen lagen, und zog meine Schuhe aus! Ich wollte eigentlich gar nicht unter die Pflaster schauen, aber ich wusste, dass ich das machen musste, denn im Stadion waren schließlich Sanitäter. Falls doch was Schlimmeres passiert war, konnte ich sofort zu ihnen gehen.

Meine Füße waren schwarz vor Staub, davon hätte ich eigentlich auch ein Foto machen sollen, aber dazu war ich in dem Moment nicht in der Lage. Zu groß waren die Schmerzen in meinen Füßen. Mühsam stand ich auf und ging zu den Sanitätern, aber die sagten mir leider, dass sie nichts machen könnten, da meine Füße a) zu schmutzig waren (!) und b) es durch die Aschebahn viel zu gefährlich wäre, wenn sie die Blasen aufstechen würden. Wenn auch nur ein bisschen Schmutz reinkäme, könnte sich das alles entzünden. Sie rieten mir, mir im Hotel die Füße sauber zu machen und dann die Blasen mit einer sauberen Nadel aufzustechen.

Auf dem Weg zurück zu unserem Platz musste ich nur einen kleinen Umweg gehen, um zu den Wannen mit kaltem Wasser zu kommen. Darauf hatte ich mich den ganzen Nachmittag lang gefreut. Ich badete meine Füße und es wurde sogar noch eine Wanne mit Wasser frisch für mich gefüllt. Das tat *so* gut und ich merkte, wie so langsam wieder Leben in meine Füße kam. Zur Massage kam ich leider nicht mehr, da die Plätze sehr begehrt waren und wir auch gerne ins Hotel wollten. Mein Helferengel von der Verpflegungsstation bei der Feuerwehr, von Kilometer neunzig, kam auf mich zugelaufen. Sie freute sich total mit mir und nahm mich in den Arm. Wieder liefen mir die Tränen, so langsam hätten da eigentlich gar keine Tränen mehr sein dürfen, so oft, wie mir an dem Tag die Tränen gelaufen waren.

Ja, ich hatte es geschafft! Ich war hundert Kilometer am Stück gewandert – und das auch noch innerhalb von vierundzwanzig Stunden! Es war kaum zu glauben. Es war so unwirklich.

Danke noch einmal an Marion, für die ersten gemeinsamen sechzig Kilometer. Was hatte ich mir im Vorfeld so viele Gedanken gemacht, hatte mir sogar ein Hörbuch für die Nacht runtergeladen, damit ich, falls ich allein hätte wandern müssen, was zum Hören gehabt hätte. Aber es funktionierte super und wir hatten tolle Gespräche geführt.

Und natürlich ein riesiges Dankeschön an meinen Mann Michael für die letzten fünfunddreißig Kilometer, die mir im Nachhinein weitaus länger vorkamen, als die ersten sechzig Kilometer.

Es war mir eine Freude, mit euch beiden zu wandern.

In der Zeit, in der ich beim Roten Kreuz war und das Fußbad machte, lief Michael zum Bahnhof in Rheinbach (also nochmal knapp 1,3 Kilometer), da er dort unser Auto geparkt hatte, um mit dem Busshuttle nach Remagen zu kommen. Ich hätte diese Strecke nicht mehr laufen können, dass wusste er wohl. Außerdem brachte er mir meine offenen Schuhe mit, die ich wohl in den nächsten Wochen würde tragen müssen, da ich, glaubte ich, in keine geschlossenen Schuhe mehr reinkäme.

Marion und Michael gingen schon mal zum Auto. Und ich? Ich schlich! Schritt für Schritt, ich hatte das Gefühl, meine Füße gar nicht mehr hochheben zu können. Und Abrollen? Was war das? Ich patschte meine Füße einen vor den anderen. Und immer wieder dachte ich: Wahnsinn, ich hatte es geschafft!

Die Nachbereitungen

Irgendwann kam auch ich am Auto an. Wir fuhren ins Hotel, ich freute mich auf die Dusche, denn es war schon echt eklig, nach solchen zwei Tagen ohne Dusche. Aber bis dahin war es noch ein *weiter* Weg, nämlich vom Auto bis ins Hotelzimmer. Zum Glück gab es einen funktionierenden Fahrstuhl. Schritt für Schritt schlurfte ich zum Fahrstuhl, ich merkte wirklich jeden Muskel, aber die Muskeln waren eigentlich nicht das Schlimmste. Vielmehr waren es meine Gelenke, die einfach nicht mehr so rund liefen wie gewollt. Vor allem meine Sprunggelenke waren sehr stark beansprucht. Die anderen Gäste schauten mich irgendwie komisch an, aber dennoch platze ich vor Stolz, denn ich hatte es geschafft. Das wussten die anderen Hotelgäste ja nur nicht.

Endlich war ich im Zimmer und fiel direkt auf unser Bett. Marion war auf dem gleichen Gang und holte noch ihre Sachen aus unserem Zimmer. Eigentlich wollte ich gar nicht mehr aufstehen, aber ich freute mich so auf die Dusche und so langsam bekam ich auch tierischen Hunger. Wir verabredeten uns mit Marion zum Abendessen und ich sprang *schnell* unter die Dusche. Das tat *so* gut und ich merkte, wie meine Lebensgeister zurückkamen. Auch wenn man es nicht machen sollte, stach ich nach dem Duschen meine ganzen Blasen auf, ließ kurz Luft drankommen und klebte dann Pflaster auf alle Stellen.

Ich glaube, ich aß einen Salat, aber so richtig erinnere ich mich nicht mehr. Jedem, der mich beim Gehen im Hotel seltsam ansah, hätte ich am liebsten ins Gesicht geschrien, dass ich so laufen durfte, weil ich die vergangenen vierundzwanzig Stunden verdammte hundert Kilometer am Stück gewandert war. Natürlich tat ich das nicht – aber ich hätte es am liebsten in die Welt hinausgeschrien. Dann kam die Müdigkeit doch zurück. Wir aßen gemütlich, den Begrüßungssekt tranken wir auch noch und stießen auf uns alle an, danach gingen wir aber direkt und müde ins Zimmer.

Am nächsten Morgen wachte ich auf und hatte erstaunlicherweise kaum Muskelkater. Leider wollten meine Beine aber noch nicht so, wie ich wollte, und daher schlich ich noch ziemlich durch die Gegend. Ich war noch ziemlich müde. Die beiden vergangenen Tage waren so surreal und ich musste echt an mich halten, nicht die ganze Zeit vor Freude zu heulen. Das Adrenalin war noch immer in meinem Körper.

Ich bedanke mich bei allen Spendern, jetzt hier einzeln aufzuzählen spare ich mir aus Angst vielleicht den ein oder anderen zu vergessen. Aber die gespendete Summe möchte ich euch nicht vorenthalten, es wurden 1.642 Euro gespendet. Das ist einfach nur Wahnsinn!

Das Nachwort

So, nun habe ich es endlich geschafft, dieses Buch zu Ende zu schreiben. Der Marsch ist bereits fast zwei Jahre her. In meiner Erinnerung kommt es mir manchmal so vor, als sei es erst gestern gewesen. Noch immer werde ich sehr emotional, wenn ich an diese beiden Tage zurückdenke. Ich stieß dort mental wirklich bis an meine Grenzen vor und bin im Nachhinein einfach unglaublich stolz auf mich, dieses Ziel erreicht zu haben.

Von den sportlichen Strapazen hatte ich mich relativ schnell erholt. Dennoch muss ich auch nochmal meinen Zeh erwähnen. Leider war es nach einigen Tagen so, dass der Nagel sich verabschiedete. Mittlerweile ist er aber wieder nachgewachsen.

In dem Jahr noch beim *Muddy Angel Run* Mitte August mitmachte und Ende September eine weitere Premiere anstand: Ich fuhr meinen ersten Marathon auf Inlinern. Sogar in neuer Bestzeit! Das Jahr 2018 war in den letzten Jahren mein sportlichstes Jahr. Die ganzen Wanderungen zur Vorbereitung, das Training auf Inlinern. Ich möchte keine Minute davon missen.

Die nächsten Ziele sind auch bereits gesetzt und ich weiß, dass ich alles schaffen kann, was ich will, da ich auch die hundert Kilometer geschafft habe. Klar hat mir mein Mann geholfen, aber was ich in der Zwischenzeit gelernt habe, ist, dass sich auch viele Spitzensportler Hilfe holen, um neue Rekorde aufzustellen.

Was ich mit diesem Buch zum Ausdruck bringen will: Man kann alles schaffen, wenn man etwas erreichen will; ist der Weg auch noch so holprig! Es wird vielleicht immer mal wieder Stolperstellen geben, wichtig ist nur, dass man immer wieder aufsteht und weiterkämpft.

Auch wenn man manchmal gefühlt nur rückwärst geht. Es geht irgendwann wieder vorwärts, wenn man an sich glaubt. Meiner Meinung nach braucht der Mensch Ziele. Viele Menschen trainieren einfach, gehen jeden Tag laufen, haben aber kein spezielles Ziel vor Augen. Ich brauche diese Ziele, ich brauche Ereignisse auf die ich hinarbeiten kann.

Auch wenn ich während der Wanderung immer wieder fluchte und sagte, dass ich nie wieder hundert Kilometer wandern würde, so weiß ich heute, dass ich sie doch noch mal irgendwann in Angriff nehmen werde und dann unter zwanzig Stunden bleiben möchte, aber dazu brauche ich eine andere und bessere Vorbereitung. Es wird irgendwann soweit sein.

Davor habe ich aber noch zwei andere Ziele, die ich in den nächsten Jahren verwirklichen will, und darauf werde ich jetzt schon hintrainieren.

URKUNDE

Annika Mundschenk

hat die Strecke von

100km

am 07. Juli 2018 erfolgreich zurückgelegt.

Zeit: **23:07:12 h**

Unsere Anerkennung und unsere herzlichen Glückwünsche zu dieser sportlichen Leistung. Im Namen der Organisatoren, der beteiligten Städte und Gemeinden, Unterstützer und Partner gratulieren wir Ihnen ganz herzlich.

Stefan Raetz
Bürgermeister
Stadt Rheinbach

Herbert Georgi
Bürgermeister
Stadt Remagen

Achim Haag
Bürgermeister Verbands-
gemeinde Altenahr

Frank Piontek
Good Walking Club e.V.
1.Vorsitzender

Zeitfracht Medien GmbH
Ferdinand-Jühlke-Straße 7
99095 Erfurt, Deutschland
produktsicherheit@kolibri360.de